Os fluuij.

OCCID. ORIE.

MERI.

Murus orientem uersus, quo *loca multa incrant aedificii*

Os portus Orientem uersus.

PORTVS CLAVDII.

Moles siue margo parui portus.

Basis Colossi Imperatoris

maioris portus occasum uersus, in arcus, quo mare fluxu arenas expelleret constru...us.

Os portus, orientem uersus, largum cannas quinquaginta.

H.-O. LAMPRECHT
OPUS CAEMENTITIUM
BAUTECHNIK
DER RÖMER

Dez. 1991

Anke Lindemann

Das Titelbild zeigt einen Ausschnitt aus der TRAJANS-Säule in Rom (siehe Bild 26)

RÖMISCH-GERMANISCHES MUSEUM KÖLN

HEINZ-OTTO LAMPRECHT

OPUS CAEMENTITIUM

BAUTECHNIK DER RÖMER

BETON-VERLAG

Für Rat und Unterstützung danke ich herzlich den Herren Prof. Dr. Hugo Borger, Dr. Heinz Cüppers, Dr. Hansgerd Hellenkemper, Dr. Stefan Neu, Dr.-Ing. Gundolf Precht und Hansgeorg Stiegeler.

Heinz-Otto Lamprecht

CIP-Kurztitelaufnahme der Deutschen Bibliothek

Lamprecht, Heinz-Otto:
Opus caementitium: Bautechnik d. Römer /
Heinz-Otto Lamprecht. Röm.-German. Museum Köln. –
2., durchges. Aufl. –
Düsseldorf: Beton-Verlag, 1985.

ISBN 3–7640–0200–X

2. Auflage 1985

© by Beton-Verlag GmbH, Düsseldorf 1984
Satz: Boss-Druck, Kleve
Lithografie: K. Urlichs, Düsseldorf
Druck: Druckhaus Haberbeck, Lage/Lippe

VORWORT

Die Archäologie hat in den letzten Jahrzehnten einen außerordentlichen Aufschwung genommen. Allein die Besucherzahlen in den archäologischen Museen sind ein Gradmesser für das Interesse der Öffentlichkeit. Zwar beflügelten vergangene Jahrhunderte und verborgene Schätze von eh und je die menschliche Phantasie. Aber unsere zunehmend traditionsarme Zeit und die Suche nach neuen Maßstäben waren sicher an der jüngsten Entwicklung beteiligt, die man fast als Boom bezeichnen möchte.

Dieser ohne Zweifel faszinierenden Seite der Archäologie steht indessen eine nüchterne gegenüber. Archäologen sind nämlich vor allem Archivare, die Bodenurkunden entdecken, lesen, dokumentieren, interpretieren, bewahren und – sofern lohnend – der Öffentlichkeit zugänglich machen.

Während aber früher von überlegter Fragestellung aus bestimmte Probleme durch archäologische Ausgrabungen einer Klärung zugeführt wurden, sieht sich – nicht nur in den westlichen Industriestaaten – die archäologische Feldforschung fast nur noch unter den Zwang gestellt, archäologische Bodenurkunden zu retten, die durch die Expansion der Siedlungen, des Verkehrsbaus und der Flurbereinigung bedroht sind. Zudem verursacht die Intensivierung der Forst- wie der Landwirtschaft Eingriffe in einem Ausmaß, das man sich noch vor 30 Jahren nicht vorzustellen vermochte.

Man muß befürchten, daß in etwa 50 Jahren auf dem Gebiet der Bundesrepublik Deutschland, geht die technische Umstellung mit ihren Eingriffen in die Umwelt so weiter, eine archäologische Wüste sein wird. Die Archäologie könnte dann nur noch von den Akten der Ausgrabungen leben. Aber selbst diese haben unter dem Druck der Untersuchungstermine schon lange nicht mehr die Qualität, die sie gerade in Deutschland, das über Generationen führend in den Methoden der Feldarchäologie gewesen ist, einmal besaßen. Das bedeutet: Der zu beobachtende Aufschwung ist vor allem ein Aufschwung nach Quantität.

Die Archäologen selbst sind überdies – wie andere Wissenschaftler auch – nicht selten mit schöner Fachblindheit geschlagen, weshalb im Vergleich zur Fundmasse zuwenig innovative Forschung und Analyse erfolgen. Diesen Tatbestand kann man nicht allein mit Arbeitsüberlastung erklären, sondern wohl eher damit, daß sich inzwischen auch der archäologischen Forschung hier und da eine buchhalterische Neigung bemächtigt hat. Sie liegt im Zeitsystem, das in zunehmendem Maße dem einzelnen keinen Wirkraum mehr zumessen will, sondern auf Team-Arbeit setzt, bei welcher sich bekanntlich leicht die Verantwortlichkeiten verwässern können. – Diese kritischen Anmerkungen sollen aber keinesfalls die Begeisterung an der Altertumskunde schmälern, sie sollen vielmehr ihre aktuellen Probleme sichtbar machen.

Gelegentlich ziehen die Wissenschaften belebende Einwirkung von Außenseitern. Aus diesem Grunde ist es in den vergangenen Jahrzehnten zu einer nachdrücklichen Belebung der Archäologie durch die Kooperation mit den Naturwissenschaften gekommen. Neue Kenntnissträng haben sich erschlossen, neue Wege zu Strukturanalysen sich eröffnet. Das gilt auch für die Baukunst. Zwar wurden die ästhetischen Aspekte des Bauens in der Antike häufig in der Fachliteratur behandelt. Angaben über Entstehung, Konstruktion und Material – das heißt also die Frage: Wie wurde es gemacht? – sind jedoch dünn gesät. Das verwundert um so mehr, als zum Beispiel die großartigen Kuppelbauten der Römer erst durch die neue Technologie des Opus Caementitium möglich waren.

Der hier von Prof. Dr.-Ing. Heinz-Otto Lamprecht vorgelegte Band stammt, im engeren Sinne, von einem Außenseiter. Indessen nur vordergründig. Der Verfasser, ein Bauingenieur, hat nämlich seit Jahrzehnten sein volles kritisches Interessse den Problemen antike Bautechnik und Caementitium-Beton zugewendet. Er hat dabei die enge Zusammenarbeit mit dem Römisch-Germanischen Museum der Stadt Köln gesucht und legt nun als Ergebnis intensiver Bemühungen ein Buch über den römischen Beton vor, das dem archäologischen Fachmann wie dem interessierten Laien gleichermaßen willkommen sein wird. Historische, archäologische und technologische Quellen werden angeführt, erkundet, in der Analyse zusammengebunden und durch umfangreiche Materialprüfungen ergänzt. Die Untersuchungsergebnisse bilden auch eine Grundlage für weitere Forschungen, wobei vor allem die archäologische Bauforschung aus ihnen Nutzen ziehen wird. Dem Nichtfachmann erleichtern ein verständlicher Text, geschichtliche Erläuterungen sowie zahlreiche Bilder und grafische Darstellungen die Lektüre.

Allen, die zum Zustandekommen dieser wichtigen Arbeit Beiträge geleistet haben, insbesondere aber dem Verfasser, möchte ich im Namen der deutschen archäologischen Forschung nachdrücklich danken.

Professor Dr. Hugo Borger

Generaldirektor der Museen der Stadt Köln und
Direktor des Römisch-Germanischen Museums

INHALT

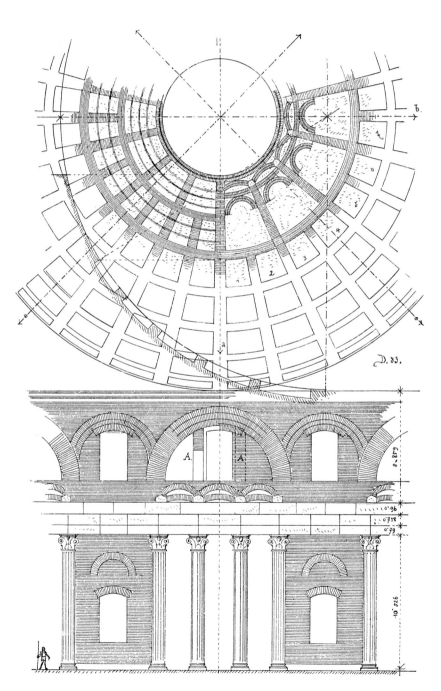

Bild 1: Pantheon in Rom;
Konstruktionseinzelheiten
nach Durm 1883
(siehe Bild 174).

8

EINFÜHRUNG

Eindrucksvollstes Ingenieurbauwerk der Antike ist das Pantheon in Rom[1]. Dieser allen Göttern geweihte Tempel trägt eine Kuppel aus römischem Leichtbeton, die frei über rund 43 m hinwegschwingt (Bild 1)[2]. So gewaltige Spannweiten hatte der Mensch nie vorher gewagt; die Abmessungen werden auch nicht von der Hagia Sophia (rund 33 m) und vom Petersdom (rund 42 m) übertroffen. Erst in unserem Jahrhundert gelingt es, mit Hilfe der Stahlbetonbauweise (Jahrhunderthalle in Breslau 1911, Kuppeldurchmesser rund 65 m) in noch größere Dimensionen vorzudringen. Wie kam es zu so überragenden Leistungen römischer Baumeister?

Eine Beantwortung dieser Frage wird dem Nicht-Archäologen sicher durch eine Kurzfassung des geschichtlichen Ablaufs erleichtert. Sie ist daher auf S. 202 abgedruckt. Das gleiche gilt für einige Informationen über die Städte Pompeji, Herkulaneum, Pozzuoli, Ostia, Köln und Trier (S. 195).

RÖMISCHE BAUKUNST

Im allgemeinen Sprachgebrauch wird heute der Begriff Baukunst auf das harmonische Zusammenwirken der Form und der Funktion eines Bauwerks oder einer Bauwerksgruppe bezogen; ähnliches gilt für das Wort Architektur. Ohne Zweifel kommt diesen Eigenschaften eines Bauwerks große Bedeutung zu, sprechen sie doch eine breite Öffentlichkeit und auch emotionale Bereiche im Menschen an.

Daher liegt eine umfangreiche Literatur über gestalterische und ästhetische Aspekte des Bauens in der Antike vor; es gibt aber nur vereinzelte Untersuchungen über Fragen der Bautechnik und des Baumaterials. Andererseits

---

[1] Mit dem Begriff Antike wird zumeist der Zeitraum vom ersten literarischen Zeugnis der griechischen Geschichte (HOMER, Mitte 8. Jahrh. v. Chr.) bis zum Ende des römischen Reiches (476 n. Chr.) bezeichnet. Den weiteren Rahmen bildet der Zeitraum des Altertums, das bei den Anfängen geschichtlicher Überlieferungen beginnt (Mesopotamien und Ägypten, um 4000 v. Chr.) und als letzten Abschnitt die Antike umfaßt; diese wird auch klassisches Altertum genannt.
[2] Römischer Beton = *opus caementitium,* siehe S. 21 (Es wurde die in der deutschsprachigen Literatur häufig benutzte Schreibweise *caementitium* gewählt; die antike Schreibweise lautete *caementicium*).

bleibt unbestritten, daß ein Bauwerk zunächst einmal standsicher, dauerhaft und möglichst wirtschaftlich sein muß.

Seit gut einem Jahrhundert hat sich eine Trennung zwischen den Berufen des Architekten und des Ingenieurs ergeben. Der Architekt fühlt sich mehr für das Aussehen und die Funktion eines Bauwerks zuständig, der Ingenieur mehr für die Standsicherheit und die Konstruktion. Die Antike kannte diesen Unterschied nicht. Eine ausführliche Schilderung jener Verhältnisse enthalten die *„De architectura libri decem"* (Zehn Bücher über das Bauen) von VITRUV[1]. Das Wort *architectura* wird hier im Sinne von Bauen verwendet und schließt die Tätigkeit der heutigen Gruppen Architekt und Ingenieur ein.

Der Begriff Architekt stammt aus dem Griechischen und bedeutet Baumeister; seine Tätigkeit umfaßte Kunst, Wissenschaft und Technik. Das Wort *architectus* war im gleichen Sinne im Lateinischen gebräuchlich. Im Mittelalter bedeutete es einen Ehrentitel. Die heutige Bezeichnung Architekt ist erst seit dem 19. Jahrhundert üblich. Der Begriff Ingenieur wurde aus dem lateinischen Wort *ingenium* (= Geist, natürlicher Verstand, Phantasie) abgeleitet. Beide Bezeichnungen setzen heute ein spezielles Studium voraus. Das im Mittelalter übliche Wort „Baumeister" umfaßte die heutigen Gruppen „Architekt" und „Ingenieur" und wird nachstehend auch für das antike *architectus* verwendet.

Daß sich auch in unserer Zeit die Auffassungen wandeln, zeigen die Überlegungen des britischen Archäologen und Bauforschers J. B. WARD-PERKINS[2]: Für unsere Eltern sei der Parthenon-Tempel in Athen der Gipfel der klassischen Architektur gewesen. Ein Ersatz des Parthenons etwa durch das Pantheon in Rom wäre damals „als pure Ketzerei erschienen". Und doch sei die „Ketzerei von gestern auf dem besten Wege, zur gültigen Lehre von heute zu werden".

Im folgenden umfaßt der Begriff Baukunst das Aussehen, die Funktion, die Konstruktion und die Materialeigenschaften eines Bauwerks. Die römische Baukunst geht im wesentlichen auf etruskische und vor allem griechisch-hellenistische Ursprünge zurück. Darüber hinaus nahm sie auch vorderasiatische und ägyptische Vorbilder an. Wichtiges Kennzeichen der griechischen Architektur sind vertikale und horizontale Bauglieder – als Säulen und Gebälk aus dem Tempelbau allgemein bekannt. Ein Tempel bietet aus der Sicht des Konstrukteurs kaum technische Schwierigkeiten: Der gegenseitige Abstand der Säulen ergibt sich aus der maximalen Länge, die man dem darüberliegenden Gebälk zumuten konnte. Für die römischen Baumeister sollten daneben der Bogen, das Tonnengewölbe und die Kuppel beherrschende Bauelemente werden.

---

[1] [103] im Literaturverzeichnis sowie S. 11 und S. 188.
[2] [106] S. 9

GRUNDBEGRIFFE DER BAUKUNST[1]

Bauwerke müssen so errichtet werden, daß sie standfest, zweckmäßig und schön sind. Die Standfestigkeit wird erreicht, wenn die Fundamente bis in den festen Untergrund reichen und die Baustoffe sorgfältig und ohne Knauserei ausgesucht werden. Bei einer zweckmäßigen Konstruktion sind die Räume fehlerfrei und ohne Behinderung für die Benutzung angeordnet. ... Ein schönes Bauwerk zeichnet sich durch ein angenehmes und gefälliges Aussehen aus und besitzt ein ausgewogenes Verhältnis der Einzelteile zueinander.

VITRUV[2]

[1] Bei den aus dem Lateinischen übertragenen Texten wurde das Hauptgewicht auf eine sinngemäße, kurze und leicht verständliche Wiedergabe der Zitate gelegt. Der deutsche Text ist also eine freie Übertragung. Für die VITRUV-Zitate liegen der lateinische und der von C. FENSTERBUSCH übersetzte deutsche Text aus [103] im Literaturverzeichnis zugrunde.

[2] Die Autoren sind im Literaturverzeichnis enthalten, Einzelheiten über S. I. FRONTINUS und VITRUV außerdem im Abschnitt „Antike Baumeister".

Die römische Baukunst ist auch das Ergebnis eines autoritären Herrschaftssystems, das über fast unermeßliche Mittel verfügt und für rund zwei Jahrhunderte niemals ernstlich von innen her in Frage gestellt wird. Die Bauwerke im gesamten Imperium werden meistens nach einheitlichem Konzept errichtet. Dabei greift man aus Kostengründen möglichst auf örtliches Baumaterial zurück. Die Anpassung an regionale Verhältnisse erfolgt nicht durch einen unterschiedlichen Baustil, sondern durch die Konstruktionsweise. So findet man das flachgeneigte und sorgfältig gefügte Ziegeldach sowohl in Süditalien als auch auf den rauhen Schwarzwaldhöhen oder an der Mosel.

BAUSTOFFE UND WERKZEUGE

Als Baustoff verwenden die Römer die seit langem bekannten Materialien Holz, Stein, Ziegel und Metall. Als neue Entwicklung kommt das *opus caementitium* (römischer Beton) hinzu (S. 21). Die Literatur jener Zeit (vor allem [103]) gibt Beschreibungen der verschiedenen Baustoffe. So werden die Holzarten klassifiziert und die Gesteine in weiche (Tuffe, Peperin und Bimssteine), mittelharte (Kalksteine einschließlich Travertin sowie Porphyr und Sandstein) und harte (Basalt, Lava und Granit) unterschieden. Neben dem vielfach mit Strohhäcksel gemischten Luftziegel *(later)* wird der gebrannte Ziegel (Backstein = *testa,* später aber auch: *later*) in den verschiedensten Formen hergestellt, auch als Hohlziegel für den Heizungsbau. Mit der Kaiserzeit beginnt ein zunehmender Gebrauch des Backsteinziegels. Ziegelreste, krummgebrannte oder zerbrochene Ware benutzt man als Zuschlag für Mörtel und römischen Beton. Lehmmörtel wird für Feuerungsanlagen bevorzugt, manchmal auch als „Billigbauweise" für den Häuserbau. Häusereinstürze sind in der späteren Kaiserzeit nicht selten.

Bild 2: Römisches Handwerks-
zeug im Saalburg-Museum:
Senkblei (hier aus Bronze),
Maurerhammer, Kellen,
Reibebrett.

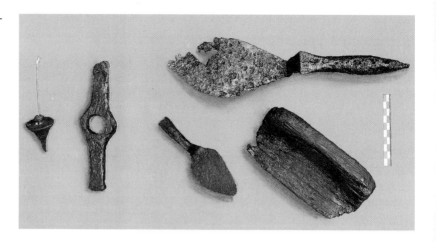

Als hauptsächlich verwendete Metalle kennen wir für den Bausektor Eisen, Blei, Zinn und Bronze. Eisen wird durch Überzüge von Bleiweiß, Kalk und flüssigem Pech gegen Rost geschützt. Kuppeln, vor allem mit größeren Abmessungen, erhalten an der Außenseite nicht selten eine Verkleidung aus Metallblechen.

Die meisten der heute bekannten Werkzeuge sind schon in römischer Zeit gebräuchlich. Gemälde, Reliefs und Fundstücke (Bild 2) zeigen Hammer, Meißel, Kelle, Reibebrett, Mörtelmulde, Kalkspaten, Spitzhacke, Senkblei, Winkel, Klappmaßstab, Setzlatte, Zirkel, Axt, Säge, Fuchsschwanz, Hobel, Bohrer und sämtliche heute üblichen Steinmetzwerkzeuge. Für Werkzeuge verwendet man Kupferlegierungen (vor allem Bronze), Eisen, Holz oder Knochen.

BAUELEMENTE UND BAUGESETZE

Bei den griechischen öffentlichen Bauten bestehen die Mauern häufig in voller Breite aus bearbeiteten Steinblöcken. Für die Römer der Kaiserzeit geben die konstruktiven Erfordernisse einschließlich der zweckmäßigen Baustoffverwendung den Ausschlag für die Wahl der Konstruktion. Das führt zu einer zunehmenden Anwendung des *opus caementitium*, wie noch gezeigt wird. Daneben haben aber nach wie vor das Holzfachwerk und die

MASCHINEN UND WERKZEUGE

Der Unterschied zwischen Maschinen und Werkzeugen scheint der zu sein, daß die Maschinen durch mehrere Arbeitskräfte . . . bedient werden müssen, z.B. die Ballisten und Kelterpressen. Werkzeuge aber werden nur durch eine Arbeitskraft bedient.

VITRUV

VERMESSUNGSARBEITEN

Vermessen wird mit dem Diopter oder der Wasserwaage oder dem Chorobat. Die besten Ergebnisse erreicht man mit dem Chorobat. Er besteht aus einem etwa 20 Fuß langen Richtscheit. Dieses hat an den äußeren Enden gleichmäßig gefertigte Schenkel, die im Winkel (von 90°) eingefügt sind. Das wird durch eingezapfte Schenkel und schräge Streben erreicht. Diese Streben weisen lotrechte Linien auf, die bei der Aufstellung des Chorobat mit Bleiloten zur Deckung gebracht werden müssen. Dadurch wird eine waagerechte Lage angezeigt.

. . . Bei starkem Wind und Bewegungen der Bleilote soll das Richtscheit am oberen Teil eine Rinne von fünf Fuß Länge, einem Zoll Breite und eineinhalb Zoll Tiefe haben. In diese Rinne wird Wasser gegeben, mit dessen Hilfe eine waagerechte Aufstellung möglich ist. Mit Hilfe des Chorobat läßt sich auch ermitteln, wie groß das Gefälle ist.

VITRUV

Römisches Winkelmeß-
instrument (Diopter).

Mischbauweise aus massivem Sockel mit Oberbau aus Fachwerk ihre Anhänger.

Decken von Wohnhäusern und kleineren öffentlichen Bauten erstellt man häufig aus Holzbalken mit aufgebrachten Holzbrettern. Als Bodenbelag werden Ziegelplatten oder ein Estrich eingebracht. Steinplatten oder Mosaiken sind teuer und kommen daher nur vereinzelt vor.

Die römischen Baugesetze enthalten bereits Bestimmungen gegen Feuersgefahr (VITRUV in [103]: „Fachwerk, wünschte ich, wäre nie erfunden. . ., weil es bereit ist, zu brennen, wie Fackeln."), über Bauhöhen und gegen zu hohe Ausnutzung (S. 168) sowie gegen die Entnahme baukünstlerischer Bestandteile von Gebäuden (Denkmalschutz); sie fördern außerdem die Wiederherstellung verfallener Gebäude. So verbietet VALENTINIAN[1] den Bau von hölzernen Balkonen und bestimmt den Abbruch vorhandener. VESPASIAN erläßt ein Gesetz, nach dem sich jeder ein Grundstück aneignen kann, wenn der Grundbesitzer sein verfallenes Haus nicht nach einer bestimmten Frist wieder aufbaut. Der neue Eigner muß sich allerdings zum Wiederaufbau verpflichten.

Für die Ausarbeitung von Bauentwürfen werden Modelle aus Gips, Kork und Holz, gelegentlich auch aus Stein verwendet. Zeichnungen sind nicht erhalten. Den meisten Bauleistungen gehen Kostenvoranschläge und Bauverträge voraus.

VERMESSUNGSARBEITEN UND WASSERSCHÖPFGERÄTE

Alle Bauwerke setzen Vermessungsarbeiten voraus; das gilt besonders für den Wasser- und den Straßenbau. Die von den Römern verwendeten Geräte

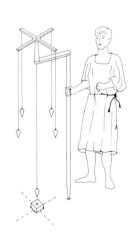

Römisches Gerät zum
Abstecken rechter Winkel
(Groma).

---

[1] Regierungsdaten enthält die Tabelle Römische Kaiser (S. 204).

Römisches Wasser-Schöpfrad
(Tympanum) nach Vitruv;
Darstellung aus dem Jahre 1547.

WASSER-SCHÖPFMASCHINEN

Das Wasser-Schöpfrad hebt das Wasser nicht auf eine sehr große Höhe hinauf, aber es schöpft bequem eine große Menge.

. . . Wenn man das Wasser höher hinaufbringen muß, wird rings um die Welle ein Rad von solcher Größe angebracht, daß es die erforderliche Höhe erreichen kann. Ringsum ordnet man am Mantel viereckige Kästen an, die mit Pech und Wachs abgedichtet werden. Wenn das Rad von Männern durch Treten herumgedreht wird, hebt es die Kästen voll nach oben. Im höchsten Punkt wird das Wasser in ein Sammelbecken entleert.

Muß aber das Wasser an noch höhere Stellen gebracht werden, dann bringt man an der Welle des selben Rades eine doppelte eiserne Kette an, die bis unter den Wasserspiegel hinunter reicht. Daran hängen Bronze-Eimer. . . . Durch Drehung des Rades werden mit Hilfe der Kette die Eimer in die Höhe gebracht. Im höchsten Punkt stürzen sie um und schütten das emporgetragene Wasser in einen Behälter.

. . . In Flüssen baut man Schöpfräder nach den gleichen Methoden. An ihren Mänteln befestigt man Schaufeln, die das Rad herumdrehen. Auf diese Weise schöpfen die Kästen das Wasser nach oben und liefern es dort ab. . . . Nach dem gleichen Prinzip arbeiten auch Wassermühlen.

. . . Es gibt aber auch eine Maschine, nämlich die Wasserschnecke, die eine große Menge Wasser schöpft, dieses aber nicht so hoch befördert wie das Schöpfrad.

VITRUV

Archimedes'sche Schnecke
nach Vitruv; Darstellung aus
dem Jahre 1547.

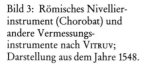

Bild 3: Römisches Nivellierinstrument (Chorobat) und
andere Vermessungs-
instrumente nach Vitruv;
Darstellung aus dem Jahre 1548.

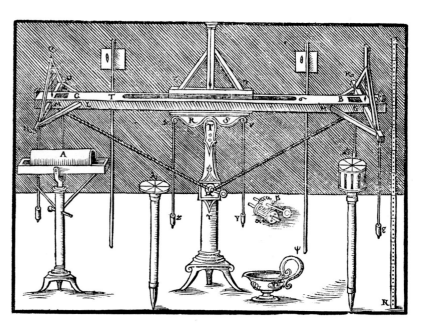

14

Bild 4: Römisches Eimerketten-Schöpfrad nach VITRUV; Darstellung aus dem Jahre 1548.

Bild 5: Römisches selbständiges Wasser-Schöpfrad (Noria) nach VITRUV; Darstellung aus dem Jahre 1548.

kennen wir aus exakten Beschreibungen (vor allem von VITRUV; S. 13) aber auch aus Fundstücken. Winkel werden mit dem Diopter gemessen, rechte Winkel mit der Groma; für Höhenmessungen (Nivellement) steht der Chorobat (Bild 3) zur Verfügung. Er ist die wichtigste Voraussetzung für die erstaunlich genau vermessenen Wasserleitungen.

Geräte und Maschinen zum Wasserheben werden von VITRUV ebenfalls ausführlich beschrieben (S. 14 sowie Bilder 4 und 5). Weitere Untersuchungen und Berechnungen enthalten [62] und [93].

GROSSBAUTEN UND STADTPLANUNG

Großbauten gehören zu jeder römischen Stadt und nehmen im Rahmen der Stadtplanung einen wichtigen Platz ein. Die Beispiele aus dem kaiserlichen Rom erinnern durchaus an heutige Maßstäbe. Aber auch die Provinzen stehen nicht weit dahinter zurück; jede Stadt möchte ein Abbild Roms sein.

In Pergamon/Türkei[1] errichtet vermutlich HADRIAN die „Rote Halle" mit Vorhof, einen gewaltigen Tempelkomplex von etwa 270 m × 100 m Grundfläche (Bild 7). Der Hauptbau besitzt eine Türöffnung von 7 m Breite und etwa 14 m Höhe. Der durch das Baugelände führende Fluß Selinus wird jedoch nicht umgeleitet; vielmehr unterquert er den Baukomplex diagonal durch zwei breit dimensionierte Tunnelröhren, die noch heute in Betrieb sind (Bild 6).

Moderne Städteplaner sprechen von Substruktionen und meinen damit meistens unterirdische Verkehrsebenen. Auch hierfür gibt es bereits antike Beispiele. So besteht im heutigen Izmir/Türkei der römische Marktplatz aus

---

[1] Die im Text erwähnten Städte sind in der Übersichtskarte auf dem hinteren Buchdeckel verzeichnet.

Bild 6: Der Fluß Selinus in Pergamon/Türkei unterquert durch zwei breit dimensionierte Tunnelröhren den gewaltigen Tempelkomplex der „Roten Halle".

Bild 7: Die „Rote Halle" mit Vorhof in Pergamon/Türkei (vermutlich unter HADRIAN errichtet) wurde über den Fluß Selinus hinweg gebaut.

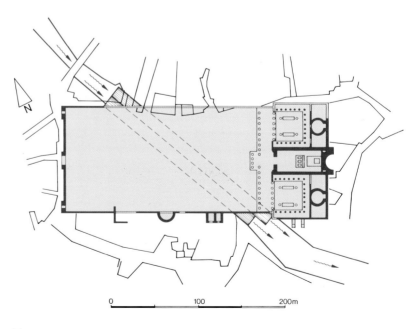

Bild 8: Der römische Marktplatz des heutigen
Izmir/Türkei verfügte über
zwei Ebenen; die untere diente
vor allem dem „Nachschub"
und war auch im heißen
Sommer kühl und schattig.

zwei Ebenen, deren untere vor allem dem „Nachschub" diente und auch im heißen Sommer kühl und immer schattig war. Die obere Ebene bilden große Steinplatten, die auf Bogenkonstruktionen aufliegen (Bild 8). Die Krypto-portiken (unterirdische – also auch bei Sommerhitze kühle – Hallen) in vielen römischen Großbauten sind in diesem Zusammenhang ebenfalls zu erwähnen.

Eine andere beachtliche Konstruktion kann der Interessierte in Nysa/West-türkei (heute eine Ruinenstadt) besichtigen. Diese römische Gründung wird durch eine tief eingeschnittene Schlucht geteilt. Das ist für die Stadtplaner jedoch kein Hinderungsgrund, das Theater trotzdem in diesem Bereich und über die Schlucht hinweg zu bauen. Mit einer doppelstöckigen Gewölbe-konstruktion wird der Einschnitt überbrückt und steht so für den „nor-malen" Bau des Theaters zur Verfügung. Daß die Schlucht an mehreren Stel-len außerdem von Brücken überquert wird, versteht sich fast von selbst.

17

Bild 9: Betonbauwerk unserer Zeit: Palazetto dello Sport, Rom (PIER LUIGI NERVI und ANNIBALE VITELLOZZI); Kuppelkonstruktion von 58,50 m Durchmesser mit filigranen Rippen (Bauzeit 1957 bis 1960).

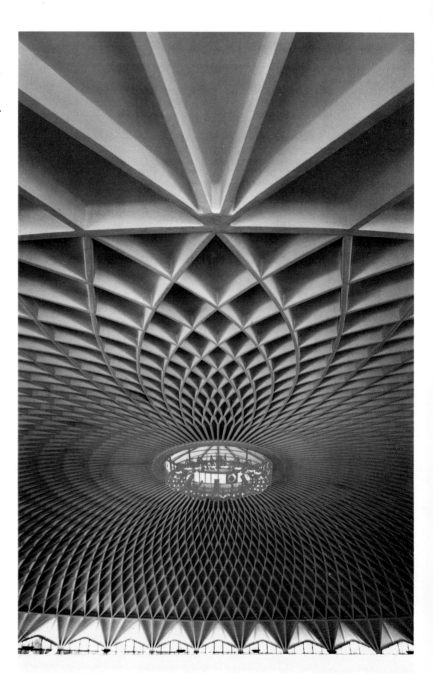

TECHNOLOGIE DES BETONS

Technik (aus dem Griechischen: Kunst, Fertigkeit) ist die Gesamtheit aller Mittel, mit denen sich der Mensch die Natur nutzbar macht. Technologie bezeichnet streng genommen die in der Technik angewendeten Produktionsverfahren. Im heutigen Sprachgebrauch gibt es jedoch keine scharfe Grenze zwischen beiden Begriffen; anstelle des Wortes Technologie wird auch das Wort Technik benutzt.

HEUTIGER BETON

Heute bestehen in unseren Breiten weit mehr als 50% aller Bauwerke aus Beton, da dieser Baustoff beliebig formbar, dauerhaft und wirtschaftlich ist (Bild 9). Daß schlechte gestalterische Lösungen zu häßlichen Einzelbauten und Massensiedlungen geführt haben, ist nicht Schuld des Baustoffs. Neuerdings kommen die drei Forderungen von VITRUV an das ideale Bauwerk wieder zu Ehren: Sicherheit, Zweckmäßigkeit, Schönheit[1].

Nachstehend sollen in vereinfachter Form einige wichtige Angaben über Beton, Zement und Kalk zusammengefaßt werden. Weitere Einzelheiten enthält das Fachschrifttum[2]. Beton wird aus Zement, Wasser und Zuschlag (Sand und Steinen) zusammengesetzt, deren Mischung und Verarbeitung amtlichen Bauvorschriften beziehungsweise Normen unterliegen. Nach dem Mischen gibt man den noch verarbeitbaren Beton (Frischbeton) in eine Form (Schalung) – z. B. aus Holz –, in der er durch eine chemisch-physikalische Reaktion zwischen Zement und Wasser (Hydratation) erhärtet. Die Schalung wird nach Erhärtung des Betons meistens wieder abgenommen und erneut verwendet. Es gibt aber auch Schalungen – z. B. aus Betonfertigteilen –, die im Bauwerk verbleiben; hier spricht man von verlorener Schalung.

Der erhärtete Beton hat – wie alle Gesteine – eine hohe Druck- und eine vergleichsweise niedrige Zugfestigkeit (im Labor wird für Bauteile und Baustoffe meistens die Biegezugfestigkeit bestimmt). Wo bei tragenden Bauteilen (z. B. im Brückenbau) Zugkräfte aufgenommen werden müssen, versieht

---

[1] S. 11.
[2] z. B. [101] und [110].

man den Beton mit Stahleinlagen (Bewehrung, früher: Armierung) und spricht dann von Stahlbeton (früher: Eisenbeton). Eine weitere Entwicklungsstufe stellt der Spannbeton dar.

Mörtel besteht aus den gleichen Bestandteilen wie Beton, nämlich Bindemittel (Zement, Kalk u.a.), Wasser und Zuschlag. Das Größtkorn des Zuschlags ist jedoch begrenzt (in Deutschland auf 4 mm).

Die Herkunft des Wortes Beton ist bis heute nicht eindeutig geklärt. Die älteste schriftliche Überlieferung stammt von dem französischen Physiker, Mathematiker und Ingenieur BÉLIDOR; er bezeichnet 1753 mit *béton* ein Gemisch aus wasserbeständigem Mörtel und groben Zuschlägen [45]. Als Geburtsstunde des Stahlbetons wird häufig das Jahr 1867 angegeben. Damals erhält der französische Gärtner und Bauunternehmer MONIER sein erstes Patent auf die bereits seit etwa 1848 verwendeten Blumenkübel aus bewehrtem (im Innern mit einem Drahtgewebe versehenem) Beton. Vor ihm hatte jedoch der französische Adlige LAMBOT 1855 ein ähnliches Patent zur Herstellung von Booten angemeldet.

Ein wichtiger Bestandteil des Betons ist der Zement, ein in seinen Eigenschaften und seiner chemischen Zusammensetzung amtlich überwachtes Industrieprodukt. Zement wird im wesentlichen aus kalkigen und tonigen Rohstoffen hergestellt, die man aufbereitet und bis zur beginnenden Schmelze (Sinterung, bei 1400 bis 1500 °C) erhitzt. Der so entstandene „Klinker" wird mit einem Gips- oder Anhydritzusatz vermahlen und ergibt Portland-Zement (PZ). Eisenportland-Zement (EPZ) enthält außer Klinker bis zu 35 Gewichtsprozent Hüttensand, Hochofenzement (HOZ) von 36 bis 80 Gewichtsprozent Hüttensand und Traßzement (TrZ) von 20 bis 40 Gewichtsprozent Traß. Zement ist ein hydraulisches Bindemittel, d.h. er erhärtet auch unter Wasser und ist wasserbeständig.

Die Zementherstellung hat sich aus der Herstellung von Baukalk entwickelt. Baukalke erreichen geringere Festigkeiten als Zemente und werden heute auf Hochbaustellen fast ausschließlich für Putze und Mörtel verwendet. Man gewinnt Baukalk durch Brennen von Kalkgesteinen in ganzen Stücken bei 800 bis 1000 °C (d.h. unterhalb der Sintergrenze). Anschließend wird der gebrannte Kalk in Wasser „gelöscht". Dabei erhitzt er sich stark und zerfällt zu einem feinen Pulver (gelöschter Kalk = Baukalk). Enthält der Kalkstein keine Beimengungen (weiße Farbe), entsteht Luftkalk (z.B. Weißkalk oder Dolomitkalk), dessen Erhärtung durch Kohlendioxyd aus der Luft erfolgt (Karbonat-Erhärtung). Enthält er dagegen tonige Bestandteile, ergibt sich meistens ein Baukalk, der nach mehrtägiger Luftlagerung auch unter Wasser erhärtet und wasserbeständig bleibt (z.B. hydraulischer oder hochhydraulischer Kalk). Eine Zwischenstellung nimmt der sogenannte Wasserkalk ein, dessen Verfestigung überwiegend auf Karbonat-Erhärtung, aber auch auf hydraulischer Erhärtung beruht.

In älteren Veröffentlichungen tauchen gelegentlich die Bezeichnungen Roman-Kalk, Roman-Zement (hier wird auf den römischen Beton Bezug genommen), Naturzement und natürlicher Zement auf. Mit diesen heute nicht mehr üblichen Wortbildungen ist ein toniger Kalkstein gemeint, der bis unterhalb der Sintergrenze gebrannt wurde.

Die hauptsächlichen Unterschiede zwischen Zement und Baukalk bestehen also darin, daß Zement infolge spezifischer Rohstoffe und höherer Brenntemperaturen in jedem Falle unter Wasser erhärtet und daß er höhere Festigkeiten entwickelt.

RÖMISCHER BETON *(opus caementitium)*

Der römische Beton (Bild 10) ist eine der bedeutendsten „Erfindungen" der Baugeschichte. F. W. DEICHMANN spricht in [20] von einer „Revolution der Bautechnik" und J. B. WARD-PERKINS in [106] von einem „Wendepunkt in der Geschichte der Architektur", auch U. SÜSSENBACH in [98] von einer Grundlage der römischen Baukunst. Der aus dem Lateinischen stammende Begriff *opus caementitium* (eigentlich: *opus caementicium*) setzt sich aus den Worten *opus* (Werk, Bauwerk, Bauteil, Bauverfahren u. a.) und *caementitium* (von *caementum* = der behauene Stein, auch Bruchstein, Mauerstein, Zuschlagstoff; nach Begriffswandel Ursprung für unser heutiges Wort Zement) zusammen. *Caementum* wird mit *materia* (hier: Mörtel; andere Bezeichnung: *mortar*) gemischt und ergibt nach Erhärtung des Bindemittels ein druckfestes Konglomerat-Gestein. Da dessen Aussehen und Eigenschaften unserem heutigen Beton entsprechen, werden in der Archäologie und der Baugeschichte dafür die Bezeichnungen Gußmauerwerk, Gußbeton, Klamottenbeton, Kalkbeton, Zementmauerwerk oder – am häufigsten – Beton beziehungsweise römischer Beton verwendet. *Opus caementitium* bedeutet also ein Herstellverfahren für druckfeste Bauteile aus Mörtel und Steinen. Die Form des Bauteils ergibt sich durch eine Schale, die aus vorher aufgemauerten Steinen (Bild 11) oder durch eine Schalung aus Holzbrettern und -balken (Bilder 12 und 13) besteht; die Holzschalung wird nach Erhärten des Bauteils – wie heute – meistens wieder entfernt und kann erneut verwendet werden. Es entspricht der heutigen Terminologie, auch das Ergebnis dieses Herstellverfahrens – d. h. den erhärteten Baustoff einschließlich der Schale – als *opus caementitium* zu bezeichnen. *Opus caementitium* ist daher, je nach Zusammenhang, mit „römische Betonbauweise" oder „römischer Beton" zu übersetzen (Bild 15).

Diese Bautechnik hat sich wahrscheinlich aus mehreren Wurzeln entwickelt. Bereits VITRUV beschreibt das griechische Verfahren *emplecton* (das verflochtene Mauerwerk) für den Mauerbau. Danach gehören zu einer Mauerkonstruktion eine äußere und eine innere Schale aus sorgfältig bearbeiteten Steinblöcken ohne Mörtel sowie der dazwischenliegende Mauerkern, ebenfalls aus Steinblöcken (Bild 14). Äußere und innere Schale werden möglichst durch Anker (aus durchgehenden Steinplatten oder Metall) zusammengehalten.

Bild 10: *Opus caementitium* (römischer Beton); Reste einer Villa in Sirmione am Gardasee/Italien, vielleicht Landsitz des Dichters CATULL (Bauzeit 1. Jahrh. v. Chr./ 1. Jahrh. n. Chr.).

Diese griechische Grundidee für eine Mauer entwickeln die Römer mit ihrer ausgeprägten technischen Begabung weiter, indem sie die Schalen dünner und den Kern aus unbearbeiteten Steinen und Mörtel dicker herstellen (Bild 15).

Die von den Römern an einigen Großbauten mit Blei eingegossenen Eisenklammern für die Steinblöcke der Außenschale bilden im Mittelalter eine Kostbarkeit. Sie werden daher eifrig von Metallräubern ausgebaut, die zu diesem Zweck sogar größere Höhlungen in den Naturstein schlagen. Die mörtellosen Wandkonstruktionen des Kolosseums in Rom oder der Porta Nigra in Trier sind Beispiele dafür. Eine andere Wurzel der damals neuen Bautechnik kann darin gesehen werden, daß Feldsteine für untergeordnete Zwecke bereits viel früher mit Mörtel verarbeitet wurden. Der Mörtel diente hier aber nur zum Ausfüllen der Hohlräume eines Trockenmauerwerks und hatte keine tragende Funktion.

22

OPUS CAEMENTITIUM – RÖMISCHER BETON

(Die römischen Bauarbeiter) *versetzen die Steine* (für die Schale einer Mauer) *hochkant und hinterfüllen sie in der Mitte . . . mit Bruchsteinbrocken, die mit Mörtel vermischt sind. So werden bei dieser Mauerkonstruktion drei Schichten hochgezogen: zwei Außenschalen und eine Füllung* (Mauerkern) *in der Mitte.*

. . . Wenn sie (die Steine) *weich und porös sind, trocknen sie durch Aussaugen der Feuchtigkeit aus dem Mörtel* (die Konstruktion) *aus. . . . Sobald aber die Feuchtigkeit aus dem Mörtel durch die Porosität der Bruchsteine ausgesogen ist und der Kalk sich vom Sand trennt, . . . können auch die Bruchsteine nicht mit diesem zusammenhängen, sondern sie lassen die Mauern im Laufe der Zeit baufällig werden.*

. . . (Wichtige) *Arten dieser Mauerkonstruktion sind folgende: reticulatum* (Außenschale aus netzförmigem Mauerwerk), *das jetzt alle verwenden, und ein altertümliches, welches incertum* (Außenschale aus unregelmäßigen Bruchstücken) *genannt wird.*

VITRUV

Bild 11: *Opus caementitium* mit einer Schale aus Steinquadern; ANTONINUS- und FAUSTINA-Tempel auf dem Forum Romanum in Rom (Bauzeit um 140 n. Chr.).

23

Bild 12: *Opus caementitium* über einer Holzbrettschalung errichtet; Bedienungsgang in den Kaiserthermen Trier; oben rechts der Abdruck eines antiken Zirkels, der beim Betonieren irrtümlich auf der Schalung liegen geblieben war (Baubeginn 4. Jahrh. n. Chr.).

Bild 13: Fundament aus *opus caementitium* zwischen Balken- und Brettschalung errichtet; Palatin, Rom (Bauzeit 1./2. Jahrh. n. Chr.).

OPUS CAEMENTITIUM – REVOLUTION DER BAUTECHNIK

Der römische Beton . . . erlebt im 1. Jh. n. Chr. . . . seinen Durchbruch und . . . wird das Zentralthema der späten kaiserlichen Architektur.

. . . Plötzlich, so scheint es, wurden sich die Architekten bewußt, daß der Innenraum etwas mehr sein kann als die durch vier Wände und ein Dach bestimmte Leere.

. . . Für solch ein Konzept sollte sich das Betongewölbe, dank seiner Stärke und Flexibilität der Form, als fast ideales Medium erweisen. . . . Für jeden Architekten mit schöpferischer Imagination war dies eine berauschende Situation.

. . . Dies war wirklich ein Wendepunkt in der Geschichte der Architektur. Das erste größere Bauwerk, an dem wir sehen können, daß man sich der revolutionären neuen Möglichkeiten bewußt war, ist NEROs Goldenes Haus, die domus aurea.

J. B. WARD-PERKINS

Bild 14: Griechische Mauer-konstruktion nach dem *emplecton*-Verfahren (das verflochtene Mauerwerk): Zwischen einer äußeren und inneren Schale aus bearbeiteten Steinquadern liegt der Mauerkern – ebenfalls aus Steinquadern; APOLLO-Tempel in Didyma/Türkei (Baubeginn 6. Jahrh. v. Chr.).

25

emplecton

opus caementitium

heutiger
Beton

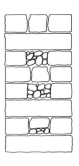

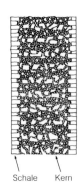

Ziegeldurchschuß
Putz

geschalte
Wand-
flächen

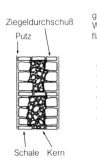

geschalte
Wandfläche

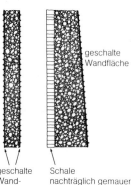

Schale   Kern

Schale   Kern

Putz

geschalte
Wand-
flächen

Schale
nachträglich gemauert

Bild 15: Beispiele für
Mauerkonstruktionen.

Stadtmauer
Köln

Hauswand
Taormina

Wasser-
leitung
Köln

Nicht zuletzt ist zu vermuten, daß die römischen Baumeister bei ihren Überlegungen auch durch den Naturstein Nagelfluh angeregt wurden. Dieses
häufig als „Naturbeton" bezeichnete Konglomerat besteht ebenfalls aus Steinen, Sand und kalkigen Bindemitteln. Nagelfluh wird nämlich bereits für
römische Großbauten verwendet (Bild 16). Er ist noch heute ein beliebtes
Material zur anspruchsvollen Verkleidung von Fassaden. Porenarmer Nagelfluh weist in seinem Aussehen und in seinen Materialeigenschaften kaum
Unterschiede zu römischem und heutigem Beton auf. Er liefert zudem ein
überzeugendes Argument bei gelegentlich geführten Diskussionen über
„natürliche" und „künstliche" Baustoffe.

Bei römischen Betonkonstruktionen übernimmt meistens der Mauerkern
die tragende Funktion. Es hat sich eingebürgert, dieses Bauverfahren noch
weiter aufzugliedern, indem man die Bauteile nach ihrer Außenschale
bezeichnet – heute übrigens ein Hilfsmittel für die Datierung. Die verschiedenen Arten der Außenschale (ursprünglich meistens mit Putz versehen)
lassen sich gut in Pompeji studieren.

Nachdem für die Schale in der Frühzeit große und mittelgroße Kalk- oder
Tuffblöcke mit regelmäßigen und glatt behauenen Oberflächen verwendet
wurden (Bild 17a), geht man seit dem dritten Jahrhundert v.Chr. allmählich
auch zu kleineren und weniger bearbeiteten Steinen über, die durch Mörtel
verkittet werden. Die Mauern von Cosa (nordwestlich von Tarquinia;
erbaut 273 v. Chr.) sind hier ein „archäologischer Meilenstein" [106]. Der
untere Bereich besteht aus mörtellos gefügten Steinblöcken, der obere aus
unbearbeiteten Steinen und Mörtel. Dieses Bauverfahren stellt eine erhebliche Vereinfachung dar und findet in modifizierter Form bald eine große
Verbreitung unter dem Namen *opus incertum* (Römischer Beton mit einer
Schale aus unregelmäßigem Steinmauerwerk). Für den Kern und die Schale
verwendet man die gleichen unbearbeiteten Steine; für die Schale wählt man

Bau einer Mauer;
nach einem antiken Wandbild.

26

Bild 16: Unterbauten aus Nagelfluh-Blöcken („Natur-Beton") für das Theater Side/Türkei (Bauzeit 2./3. Jahrh. n. Chr.).

sie jedoch besonders aus und vermauert sie sorgfältig; trotzdem ergibt sich eine unregelmäßige Sichtfläche (Bilder 17b und 17c). Ein anderes Verfahren kommt dem Wunsch nach exakter handwerklicher Arbeit mehr entgegen und tritt ab etwa 80 v. Chr. seinen rund 200 Jahre währenden Siegeszug an: das *opus reticulatum* (Römischer Beton mit einer Schale aus netzförmigem Steinmauerwerk; Bilder 17d und 17e). Hierfür bearbeitet man Natursteine pyramidenförmig und gibt ihnen eine quadratische Grundfläche von 6 bis 7 cm Seitenlänge, die an der Mauer nach außen zeigt und auf einer Ecke steht; die in das Mauerinnere ragende Pyramidenspitze des Steines dient zur besseren Verankerung. Die regelmäßige Sichtfläche mit 5 bis 15 mm breiten Fugen und häufig farblich unterschiedlichen Steinen übernimmt gleichzeitig eine Schmuckfunktion – wenn sie nicht anschließend überputzt wird. Etwa um die Zeitenwende beginnt eine stärkere Verwendung des schon lange bekannten Tonziegels, der in der Folge allein (*opus testaceum* = Römischer Beton mit einer Schale aus Ziegelmauerwerk) sowie in Kombination (Bild 17f) mit einer der beschriebenen oder davon abgeleiteten Techniken ver-

Bild 17: Außenschalen für Wände aus *opus caementitium* in Pompeji/Italien und Herkulaneum/Italien (ursprünglich meistens mit Putz versehen)

a   *opus quadratum*
b und c *opus incertum*
d   *opus reticulatum*
e   Die *opus reticulatum*-Steine aus Tuff sind verwittert, der Mörtel ist erhalten
f   *opus mixtum* aus Ziegeln und Tuffblöcken

arbeitet wird (*opus mixtum*, Bild 18). In der Fachliteratur findet man zuweilen noch weitere Gruppen. Dabei ist jedoch zu bedenken, daß in der Antike keine präzise Terminologie bestand. Bei dem langwierigen Entwicklungsprozeß, dem unvollständigen theoretischen Wissen und den unterschiedlichen örtlichen Erfahrungen dürfte das auch kaum zu erwarten sein.

Es wurde bereits darauf hingewiesen, daß die Griechen ihre äußeren und inneren Mauerschalen oft durch sogenannte Spannsteine oder Anker miteinander verbanden und dadurch eine stabilere Konstruktion erzielten. VITRUV setzt sich nachdrücklich für dieses Verfahren ein. Vermutlich kann der sogenannte Ziegeldurchschuß – ein von den Römern vielfach angewendetes Verfahren – auf diese Konstruktion zurückgeführt werden.

Bild 18: *Opus caementitium* mit einer Schale aus *opus mixtum*; Aquädukt bei Beaunant am Stadtrand von Lyon/Frankreich (Bauzeit Anfang 2. Jahrh. n. Chr.).

29

Bild 19: „Ziegeldurchschuß" in einer Wandkonstruktion; hierbei führt man in regelmäßigen Abständen waagerechte Ziegelschichten in die Konstruktion hinein oder durch sie hindurch; dadurch werden ein sorgfältiger Einbau der Betonschichten und eine gleichmäßige Druckverteilung erleichtert; „Griechisches Theater" in Taormina/Sizilien (völliger Neubau des griechischen Vorläufers durch die Römer im 1. Jahrh. n. Chr.).

Hierbei werden in die Mauerschale nach einigen Steinlagen eine oder mehrere Lagen Ziegel so eingebaut, daß die Ziegel in den Mauerquerschnitt hinein- oder durch ihn hindurchreichen (Bild 19). Eine in manchen Veröffentlichungen erwähnte Ankerwirkung zwischen innerer und äußerer Schale ist jedoch durch den Ziegeldurchschuß nicht zu erwarten. Vermutlich sollte der Ziegeldurchschuß dafür garantieren, daß durch regelmäßige „Betonier-Lagen" eine handwerklich sorgfältige Arbeit geleistet wurde. Die Ziegelschicht bewirkt außerdem eine gleichmäßigere Druckverteilung nach unten.

Ein anderes Verfahren bringt – wie bereits erwähnt – eine weitere Vereinfachung: der Gebrauch von Schalungen aus Holzbrettern oder Balken, die man nach Erhärten des Betons entfernen und erneut benutzen kann; diese Methode ist auch heute noch üblich.

Neben den vorstehend beschriebenen Einbauverfahren und Erhärtungsvorgängen im Beton ist bei römischen Straßen noch eine Alternative denkbar, die ebenfalls zu einem betonähnlichen Endprodukt führen kann: Puzzolanische Stoffe (vulkanische Asche, Ziegelmehl) oder reaktionsfähige Kalkvorkommen, die man ursprünglich als Trockenmaterial in die Straßenkonstruktion eingebaut hat (vgl. S. 124).

Es gibt aber auch eine Erdart, die von Natur aus wunderbare Ergebnisse hervorbringt. Sie steht an im Gebiet von Baiae und der Städte, die rund um den Vesuv liegen. Mit Kalk und Bruchstein gemischt gibt sie nicht nur den üblichen Bauwerken Festigkeit; sie sorgt auch dafür, daß Dämme im Wasser fest werden, wenn man sie ins Meer baut.

VITRUV

Insgesamt gesehen wurde der römische Beton zunächst als eine leistungsfähigere und billigere Bauweise für Stadtmauern, Speicherhäuser, Hafenanlagen, Aquädukte u. a. entwickelt. Seit der Mitte des ersten nachchristlichen Jahrhunderts entdecken begabte Baumeister durch den Einsatz des Baustoffs *opus caementitium* neue Möglichkeiten zur Raumgestaltung, indem sie ihn zu Tonnengewölben und Kuppeln formen.

BINDEMITTEL

Welche Gesichtspunkte waren bei der Mörtelherstellung für das *opus caementitium* zu beachten? Die Funktion des Bindemittels übernehmen der Kalk und häufig hydraulische Zusätze. VITRUV geht davon aus, daß der reinste (weiße) Kalkstein den besten Baukalk ergibt. Diese Meinung ist jedoch nur für Luftkalk zutreffend, da ein hydraulischer oder ein hochhydraulischer Kalk einen tonhaltigen – also nicht reinen – Kalkstein als Ausgangsprodukt erfordern. VITRUV spricht aber auch zwei Empfehlungen aus, wie man unabhängig vom Kalkstein einen hydraulischen Mörtel herstellen kann. Der eine Weg besteht in der Zugabe sogenannter natürlicher Puzzolane, der andere in einem Zusatz von Ziegelmehl (zerstoßene Tonziegel = künstliches Puzzolan). Der im reinen Kalkstein fehlende hydraulisch wirkende Anteil wird hier also nachträglich beim Mischen des Mörtels zugesetzt.

Für die Herstellung von Stuck muß erstklassiger Kalk lange vor dem Gebrauch gewässert werden, damit er auch dann vollständig gelöscht ist, wenn irgendwelche Klumpen im Brennofen zu wenig gebrannt worden sind. . . . Nicht gelöschter Kalk bildet nämlich nach dem Anwurf Bläschen, weil er noch ungelöschte Kalkteilchen enthält. Wenn diese Kalkteilchen erst am Bauwerk vollständig durchweicht werden, dann lösen und zersprengen sie die Oberfläche des Verputzes.

VITRUV

Bild 20: Römischer Kalkofen bei Iversheim/Eifel; die noch vorhandene Füllung wurde 1968 zu drei Vierteln aus dem Schachtofen herausgegraben (Bauzeit Mitte 2. Jahrh. n. Chr.).

Wenngleich die Ursachen für die hydraulischen und nicht-hydraulischen Eigenschaften des Kalks Vitruv nicht voll bewußt waren, so hat er doch die Wirkung der Puzzolanerde richtig beurteilt.

Unter Puzzolan verstand man ursprünglich den vulkanischen Tuffboden des Gebietes um Pozzuoli und Baiae bei Neapel. Heute werden mit Puzzolan Stoffe bezeichnet, die zusammen mit Kalk ein hydraulisches Bindemittel ergeben. Die auf der Insel Thera gewonnene Santorin-Erde und unser Traß gehören in diese Reihe.

DIE RICHTIGE ZUSAMMENSETZUNG DES MÖRTELS

Bei Konstruktionen aus römischem Beton muß zuerst der Sand untersucht werden, ob er zur Mischung des Mörtels geeignet ist und keine Mutterbodenanteile enthält. . . . Die besten Sande knirschen, wenn man sie in der Hand reibt; erdhaltiger Sand wird keine Schärfe besitzen. Eine andere Eignungsprüfung besteht darin, daß ein Sand über ein weißes Laken verstreut und dann herausgeschüttelt wird; das Laken darf nicht beschmutzt sein und es darf sich keine Erde darauf absetzen.

Wenn keine Sandgruben vorhanden sind, muß der Sand aus Flüssen oder aus Kies gewonnen werden; es kommt auch Sand von der Meeresküste infrage. Derartige Sande trocknen jedoch schwer . . . und tragen auch keine Gewölbe. Bei Sanden von Meeresküsten kommt als weiterer Nachteil hinzu, daß durch Absonderung des Salzgehaltes der Verputz auf Mauern zerstört wird.

. . . Für die Herstellung eines Mörtels wird gelöschter Kalk verwendet. Bei Grubensand sind drei Teile Sand und ein Teil Kalk vorteilhaft; bei Fluß- oder Meeressand sollen zwei Teile Sand und ein Teil Kalk gemischt werden. Bei Fluß- oder Meeressand sollte außerdem ein Drittel gestoßenes und gesiebtes Ziegelmehl hinzugefügt werden.

VITRUV

Der Kalkstein wird von den Römern meistens in (annähernd runden) Schachtöfen gebrannt. Interessante Einblicke in eine römische Kalkbrennerei geben sechs Kalköfen, die bei Straßenbauarbeiten 1966–1968 in der Nähe des Ortes Iversheim/Eifel freigelegt wurden [94]. Man rekonstruierte einen dieser gut erhaltenen Öfen und führte mit Material aus den nahegelegenen antiken Brüchen erfolgreich einen Brennversuch durch. Drei Öfen sind heute mit einem Schutzgebäude umgeben und zu besichtigen (Bild 20). Die Öfen haben Durchmesser von etwa 3 m und sind insgesamt etwa 4 m tief; eine Ofenfüllung brachte bei einem Brennvorgang von einer Woche Dauer etwa 15 m³ Kalk.

VITRUV weist ausdrücklich auf eine lange Lagerung des gebrannten Kalks im Wasser hin, da anderenfalls ungelöschte Teilchen später Absprengungen bewirken können. Die in den Neubauten der Nachkriegszeit aufgetretenen und mit Recht so unbeliebten „Kalkmännchen" sind also keine moderne Erscheinung. Heute wird über den Baustoffhandel das gelöschte Produkt bezogen, so daß Kalkabsprengungen durch ungelöschte Partikel nicht mehr vorkommen.

ZUSCHLÄGE

Für einen guten Mörtel ist neben dem Bindemittel aber auch ein geeigneter Sand erforderlich. Der Betoningenieur einer modernen Großbaustelle fühlt sich an seine Tagesarbeit erinnert, wenn er bei VITRUV liest, daß der Sand zunächst auf schädliche Beimengungen (vor allem Mutterboden) zu untersuchen sei und ein guter Sand knirschen müsse, wenn man ihn in der Hand reibt (S. 32).

Im übrigen wird die Zugabe von Ziegelmehl, -grus, -klein oder -brocken als günstig angesehen. Sie soll die Erhärtung verbessern, teilweise will man nur den Mörtel strecken. VITRUV weist allerdings auf die Gefahr hin, die ein allzu saugfähiges Zuschlagmaterial mit sich bringt, indem es dem Mörtel das Wasser entziehen kann und dieser verdurstet, d. h. nur geringe Festigkeiten bekommt (S. 23). Andererseits wissen wir heute, daß saugfähige und wassergefüllte Zuschläge beim Erhärten ihr Wasser langsam an den Mörtel abgeben und durch diese Art der „inneren" Nachbehandlung seine Güte-Eigenschaften verbessern können.

Interessant erscheint außerdem ein Hinweis von VITRUV über die Fugenmasse für steinerne Bodenplatten, die der Witterung ausgesetzt sind (also z. B. Terrassenbelag). Er empfiehlt wegen der Frostgefahr eine sehr sorgfältige Verfugung mit einer Mischung aus Kalkmörtel und Ölhefe und danach mit Kalk und Öl (S. 37). Es ist zu vermuten, daß durch das Öl kleine Poren im Mörtel entstanden, die seine Frostanfälligkeit verminderten, so wie man heute im Straßenbeton allgemein mit Hilfe chemisch-physikalischer Zusatzmittel sehr feine kugelförmige Luftporen erzeugt, um ihn gegen Frost- und Tausalzangriffe zu schützen.

Die „Zaubermittel", die die Römer in ihren „eisenharten" Mörtel gegeben haben sollen, tauchen gelegentlich in Beschreibungen auf und stoßen dann meistens auf großes Interesse. Hier handelt es sich um Eiweißstoffe (z. B. Milch) sowie um Imprägnierungen bei wasserdichten Putzen, die Teer, Wachs, Kalk oder Leinöl enthielten. Das sind natürlich keineswegs Zaubermittel, wohl aber sehr bemerkenswerte Erkenntnisse und Erfahrungen. Über die Festigkeiten von Mörtel und Beton wird auf Seite 43 berichtet.

BETONHERSTELLUNG

Stampfen eines Fundamentes aus *opus caementitium* nach Vitruv; Darstellung aus dem Jahre 1547.

Wie sieht nun die Herstellung des *opus caementitium* in der Praxis aus? Je nach Bauwerkstyp muß der Boden vorweg auf seine Tragfähigkeit hin untersucht werden. Handelt es sich um standfesten, vielleicht sogar felsigen Boden, genügt eine Lage aus gestampftem Schotter als Bauebene. Bei schlechtem Boden und großen Lasten wird zunächst eine Pfahlgründung bis in eine tragfähige Schicht geschaffen, d. h. man rammt einen Rost aus angekohlten Erlen-, Oliven- oder Eichenpfählen in den Boden, auf dem später das Bauwerk ruht. Römische Baumeister verwenden aber auch riesige Flächenfundamente aus *opus caementitium*, wie unter dem Kolosseum (S. 157). Als erstes stellt oder legt man die *caementa* (Bruchsteine bzw. grobe Zuschläge), dann werden *materia* oder *mortar* (Mörtel) aufgefüllt und mit einem Stampfer gut verdichtet; nun folgt die nächste Schicht. Facharbeiter mauern die Schale oder stellen die Holzschalung auf, während der Mauerkern von Hilfskräften lagenweise eingebracht wird.

Die Regeln für eine sachgemäße Herstellung des *opus caementitium* sind offensichtlich überall bekannt. Trotzdem kann man bereits damals über „Pfusch am Bau" lesen. S. I. Frontinus berichtet nämlich, daß zwar alle diese Regeln kennen, aber nur wenige sie befolgen (S. 34). Einerseits wissen wir, daß S. I. Frontinus bei der Beurteilung seiner Mitmenschen manchmal zu überspitzten Formulierungen neigte; andererseits ist auch bekannt, daß zu seinen Lebzeiten an mehreren Aquädukten bereits nach 10 bis 20 Jahren erhebliche Erneuerungsarbeiten notwendig wurden.

Die Bau-Regeln für das *opus caementitium* fanden in den siebziger Jahren unseres Jahrhunderts eine konkrete Anwendung in Deutschland. Große

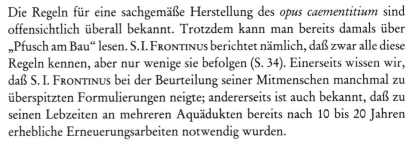

PFUSCH AM BAU

Kein anderer Bau erfordert ... größere Sorgfalt in seiner Ausführung als einer, der dem Wasser standhalten soll. Daher ist für einen solchen Bau in allen Einzelheiten Gewissenhaftigkeit vonnöten – ganz im Sinne der Regeln, die zwar alle kennen, aber nur wenige befolgen.

S. I. FRONTINUS

Bild 21: Rekonstruktion eines Viertelteils des antiken Amphitheaters Xanten in römischer Betonbauweise 1977 bis 1979. Betonieren von Bogenkonstruktionen.

GUTE UND SCHLECHTE BAUUNTERNEHMER

In der berühmten ... Stadt Ephesus war ... von den Vorfahren in alter Zeit ein Gesetz mit einer zwar harten, aber nicht ungerechten Bestimmung beschlossen worden. Wenn nämlich ein Baumeister den Auftrag für einen öffentlichen Bau übernimmt, gibt er eine Erklärung darüber ab, wie viel der Bau kosten wird. Nachdem der Baukostenanschlag der Behörde übergeben ist, wird sein Vermögen verpfändet, bis das Bauwerk fertig ist. Haben die Baukosten dem Vorschlag entsprochen, dann wird der Baumeister durch einen ehrenvollen Erlaß geehrt. Wenn nicht mehr als ein Viertel zum Baukostenanschlag hinzugelegt werden muß, wird dieses Viertel aus Staatsmitteln gedeckt und der Architekt erhält keine Geldstrafe. Wird aber bei der Ausführung über ein Viertel mehr verbraucht (als veranschlagt war), dann wird zur Vollendung des Baues der erforderliche Betrag aus dem Vermögen des Baumeisters beigetrieben.

Hätten doch die unsterblichen Götter es so gefügt, daß auch vom römischen Volk solch ein Gesetz nicht nur für öffentliche, sondern auch für private Bauten beschlossen wäre! Denn dann würden Leute, die vom Baufach nichts verstehen, nicht straflos herumlaufen. Vielmehr würden nur Fachleute ein Angebot vorlegen, die eine sehr gründliche Ausbildung genossen haben.

VITRUV

Bild 22: Rekonstruktion
Amphitheater Xanten; Blick
auf die Außenkonstruktionen;
im Vordergrund Bruchstein-
Material für Zuschlag und
Außenschale.

Bild 23: Rekonstruktion
Amphitheater Xanten; Blick
in den Innenraum.

WICHTIG IST EIN TRAGFÄHIGES FUNDAMENT

Bei Tempelbauten muß die Baugrube bis in feste Bodenschichten reichen. Die Grube soll mit einer möglichst festen Mauerkonstruktion ausgebaut werden. . . . Steht kein fester Boden an, so sollen angekohlte Pfähle von Erlen-, Oliven- oder Eichenholz eingerammt werden. Die Pfähle sollen möglichst dicht nebeneinander stehen und mit Maschinen eingerammt werden. Die Zwischenräume zwischen den Pfahlreihen sollen mit Holzkohle ausgefüllt und dann das Fundament mit einer sehr festen Mauerkonstruktion aufgebaut werden.

VITRUV

ESTRICH MIT HOHEM FROSTWIDERSTAND

Unter freiem Himmel müssen die Fußböden ganz besonders widerstandsfähig angelegt werden. . . . Andernfalls lassen Frost und Reif nicht zu, daß sie unbeschädigt bleiben. . . . Nach Herstellung der Unterschicht wird eine Estrichmasse darübergezogen und diese soll festgestampft und nicht weniger als ein Fuß dick sein. Darauf werden etwa zwei Zoll dicke, viereckig geschnittene Steinplatten mit einem Gefälle von zwei Zoll auf zehn Fuß gelegt. . . . Auf diese Weise wird der Fußboden gegen alle schädlichen Einflüsse geschützt sein. . . . Damit aber auch der Mörtel für die Fugen nicht unter Frost leidet, soll man ihn alle Jahre vor Eintritt des Winters mit Ölhefe sättigen. Dadurch wird das Eindringen des Frostes verhindert. Muß mit stärkeren Frostangriffen gerechnet werden, so lege man über die Estrichmasse zwei Fuß große, unter sich verbundene Ziegel in eine Bettung aus Mörtel. Die Ziegel sollen an jedem Fugenrand ein Zoll tiefe kleine Rinnen haben. Die Fugen werden mit einer Mischung aus Kalk und Öl ausgefüllt, zusammengepreßt und abgeschliffen. Auf diese Weise wird der Fugenverguß wasserdicht. . . . Auf diese Konstruktion werden eine Deckschicht und darüber Platten oder ährenförmig verlegte Backsteine aufgebracht.

VITRUV

Teile der antiken Stadt Xanten (Colonia Ulpia Traiana) werden dort freigelegt und zu einem archäologischen Park ausgebaut [82]. In diesem Zusammenhang wurde auch ein Viertelsegment des Amphitheaters naturgetreu rekonstruiert. Dabei konnten die Besucher beobachten, wie moderne Betonarbeiter im Stil ihrer Berufskollegen vor rund zwei Jahrtausenden ein Großbauwerk aus *opus caementitium* errichteten (Bilder 21 bis 23).

PUTZE UND ESTRICHE

Die Sichtflächen werden im allgemeinen verputzt und meistens angestrichen oder bemalt. Man verkleidet sie aber auch mit Marmor- oder anderen Steinplatten. Eine Ausnahme bilden Bauteile, die nicht allgemein sichtbar sind, wie Bedienungsgänge für Thermen, Kellergänge, Vorratsspeicher usw. Hier kann man heute vielerorts noch deutlich Schalbrett-Abdrücke erkennen (Bild 12).

Für unseren Geschmack ist es ungewöhnlich, daß man teilweise Wände aus aufwendig bearbeiteten und künstlerisch gestalteten farbigen Natursteinen mit einem Putz versah, in den wiederum Rillen eingeschnitten wurden, um so große Natursteinblöcke zu imitieren (z.B. in Pompeji). Daß die Griechen und Römer ihre Tempel und Marmorstatuen mit kräftigen Farben zu bemalen pflegten, ist uns heute ebenso schwer verständlich. Aber sie liebten leuchtende Farben, wie auch die Ägypter und Etrusker. Von den Römern stammt bekanntlich das Sprichwort *De gustibus non est disputandum* (Über Geschmack läßt sich nicht streiten). Sicherlich hätten sie das heute beliebte materialgerechte und an die Umwelt angepaßte Bauen abgelehnt. Ihrer Meinung nach sollte der Mensch seine Intelligenz und Phantasie auch zu einer Verschönerung der Natur benutzen und sich nicht hinter ihr verstecken.

Bild 24: Reste eines farbig bemalten, mehrlagigen Außenputzes in den Barbara-Thermen Trier (Bauzeit nach Mitte 2. Jahrh. n. Chr.).

Die einfachste und häufigste Methode einer Bauwerksverkleidung ist ein mehrlagiger Wandputz (Bild 24). Bei höheren Ansprüchen und besonders dann, wenn eine Bemalung vorgesehen ist, folgt darauf ein meistens dreilagiger Marmorputz. Durch Beigabe von Marmormehl und eine sorgfältige Oberflächenbehandlung (durch Schleifen) erreicht man einen schimmernden Glanz, den nur der Fachmann von dem des echten Marmors unterscheiden kann. Diese Art des Putzes ist sicher die wichtigste Voraussetzung dafür, daß wir uns heute noch an einer Vielzahl fast unveränderter Wandmalereien (Bild 25) aus jener Zeit erfreuen können.

Soll ein Fachwerk verputzt werden, dient nach VITRUV ein zweilagiges, kreuzförmig aufgebrachtes Rohrgeflecht als Putzträger. Bei feuchten Wänden muß entweder für eine Entwässerung durch eingebrachte schräge Röhrchen gesorgt oder aber eine zweite Wand mit einem Luftschlitz vorgemauert werden (S. 40).

Besondere Fertigkeiten entwickeln die Römer auch bei der Herstellung von Estrichen, die Voraussetzung für die unzähligen Mosaiken sind. VITRUV fordert als Vorarbeit eine Prüfung des Untergrundes, der später zu Rissen führen kann, wenn er nicht gut genug verdichtet wurde. Die untere Schicht soll danach nicht dünner als dreiviertel Fuß sein und von zehn Mann mit hölzernen Stampfern sorgfältig bearbeitet werden. Darauf wird eine feste

Bild 25: Fresko einer jungen Frau mit Griffel und Schreibtafel (sogenannte Sappho); Pompeji/Italien.

Bild 26: Bau einer römischen Stadtmauer aus *opus caementitium*; Ausschnitt aus der TRAJANS-Säule in Rom; das 100 römische Fuß hohe Bauwerk erinnert an die Daker-Feldzüge des Kaisers und wurde 113 n. Chr. eingeweiht.

Schicht aus drei Teilen Ziegelsplitt und einem Teil Kalk gebracht, die den Fußbodenbelag trägt.

Für Estriche im Freien schlägt er eine Abdeckung mit gesägten Steinplatten vor, deren Fugen sorgfältig mit einem frostsicheren Mörtel zu verschließen sind. Für das *triclinium* (Speiseraum) empfiehlt er eine von den Griechen übernommene ebenso billige wie praktische Ausführung: Boden und Estrich werden in mehreren Schichten aufgebaut, die Holzkohle und Asche enthalten. Auf diese Weise erkälten sich die Diener auch bei nassem Fußboden nicht, obwohl sie barfuß gehen (S. 40).

Über die Herstellung und die Eigenschaften des römischen Betons sind wir heute gut informiert. Unsere Kenntnisse stammen vor allem aus den Büchern des VITRUV, aus Bildern und Reliefs (Bild 26) sowie aus Untersuchungen antiker Bauwerke, über die in den nächsten Abschnitten berichtet wird.

PUTZ FÜR FEUCHTE WÄNDE

Wenn eine Wand durchgehend feucht ist, dann soll man ein wenig zurückgehen und eine zweite dünne Mauer errichten. . . . Zwischen den beiden Mauern muß unterhalb des Fußbodenniveaus eine Rinne mit Mündungen ins Freie gezogen werden. . . . Danach wird die Mauer mit Mörtel aus gemahlenen Ziegeln beworfen, ihre Oberfläche geebnet und dann mit Verputz geglättet.

SO WIRD EIN GUTER ESTRICH HERGESTELLT

Zunächst soll man untersuchen, ob der Unterboden für den Estrich ausreichend fest ist. . . . Handelt es sich um eine Aufschüttung, dann soll er sehr sorgfältig durch Rammen festgemacht werden. . . . Darüber lege man eine Bettung aus Steinen, die mindestens handgroß sein müssen. Diese Bettung erhält einen Überzug: Wird die Estrichmasse hierfür neu zubereitet, so soll zu drei Teilen ein Teil Kalk zugemischt werden. Bei wiederverwendetem Material wird eine Mischung aus fünf Teilen zu zwei Teilen Kalk empfohlen. Dann wird die Estrichmasse aufgelegt und von etwa 10 Mann mit hölzernen Stempeln durch häufiges Stampfen festgemacht. Die fertige Schicht soll wenigstens dreiviertel Fuß dick sein. Darüber lege man eine feste Schicht aus gestoßenen Tonscherben mit einer Mischung aus drei Teilen Tonscherben und einem Teil Kalk. Die Dicke dieses Estrichs soll wenigstens sechs Zoll betragen. Auf diese Deckschicht lege man nach Schnur und Wasserwaage die Fußböden.

TROTZ NASSER FUSSBÖDEN WARME FÜSSE

(Es wird berichtet,) wie die Griechen in auch im Winter benutzten Räumen üblicherweise den Fußboden herstellen. Die sehr billige Herstellung ist praktisch: Man gräbt nämlich den Fußboden im triclinium zwei Fuß tief aus und legt auf den festgestampften Boden entweder Estrichmasse oder Backsteinpflaster mit einem Gefälle und einer Ausmündung ins Freie. Darauf wird dann Kohle geschüttet und festgestampft. Darüber bringt man ein Mörtelgemisch aus grobem Sand, Kalk und Asche in einer Dicke von einem halben Fuß. Nachdem die Oberfläche nach Richtscheit und Wasserwaage mit Schleifsteinen abgeschliffen worden ist, ergibt sich das Aussehen eines schwarzen Fußbodens. Dieser Fußboden saugt die Flüssigkeit auf, die aus den Trinkbechern verschüttet und beim Kosten mit dem Munde verspritzt wird, und die Diener erkälten sich bei einem derartigen Fußboden nicht, obwohl sie barfuß gehen.

VITRUV

UNTERSUCHUNGEN RÖMISCHER BETONPROBEN

VERFAHREN

Bei den nachstehend beschriebenen Untersuchungen römischer Bauwerksproben wurden die heute üblichen Prüfverfahren für Beton zugrundegelegt[1]. Das sind vor allem die Ermittlung der Druckfestigkeit und der Rohdichte sowie gelegentlich der Wasserundurchlässigkeit und der Wasseraufnahme. Die Sieblinie der Zuschläge läßt wichtige Schlüsse auf die Eigenschaften des Bauteils zu. Bei gewissen Beanspruchungen kann der Abschleifverlust Hinweise geben. Die folgenden Abschnitte enthalten eine zusammenfassende Beschreibung dieser Betonprüfverfahren.

Das Ausgangsgestein für das jeweilige Bindemittel wurde durch röntgenographische (Pulver), mikroskopische (Dünnschliff) und rasterelektronenmikroskopische (kleines Probestück) Untersuchungen bestimmt. Durch Kombination der Ergebnisse sind Aussagen über die Bindemittel- und Mörtelherstellung möglich.

Chemische Analysen über die bereits von anderen Forschern veröffentlichten Ergebnisse[2] hinaus wurden nicht durchgeführt.

Druckfestigkeit

Die Druckfestigkeit ist im allgemeinen die wichtigste Materialeigenschaft des Betons; Beton wird daher durch Druckfestigkeitsklassen näher bezeichnet. Die Prüfung erfolgt meistens an Betonwürfeln von 20 oder 15 cm Kantenlänge bzw. an zylindrischen Körpern von 15 cm Durchmesser und 30 cm Länge. Daneben sind auch andere Abmessungen üblich. Die Prüfkörper werden entweder nach vorgeschriebenen Regeln speziell für die Prüfung hergestellt oder aus einem fertigen Bauwerk (meist als Bohrkerne) entnommen (Bild 27). Würfel oder Zylinder belastet man in einer Prüfpresse (Bild 28) bis zum Bruch. Aus statistischen Gründen wird der Festigkeitswert im allgemeinen jeweils als Mittel aus drei Einzelmessungen errechnet. Für bestimmte Aussagen ist der Elastizitätsmodul (E-Modul) von Bedeutung. Er ist ein Maß für die Widerstandsfähigkeit eines Stoffes gegen Formänderungen und wird bei Beton an zylindrischen Prüfkörpern bestimmt.

---

[1] Die Untersuchungen wurden in Zusammenarbeit mit dem Römisch-Germanischen Museum Köln, dem Rheinischen Landesmuseum Bonn, dem Rheinischen Landesmuseum Trier, dem Saalburg-Museum Bad Homburg, den Dyckerhoff Zementwerken Wiesbaden, dem Forschungsinstitut der Zementindustrie Düsseldorf und dem Institut für Bauforschung der TH Aachen durchgeführt.

[2] [5], [43], [52], [70], [71], [84] u. a.

Bild 27: Prüfkörper werden aus einem *opus caementitium*-Brocken herausgeschnitten (Probe 2/45).

Bild 28: Bohrkern aus *opus caementitium* wird unter der Prüfpresse abgedrückt (Probe 27/41).

Festigkeiten werden heute in N/mm² angegeben (N = NEWTON); bis 1978 war die Bezeichnung kp/cm² üblich. Die Festigkeit 10 N/mm² entspricht etwa 100 kp/cm² oder dem Druck von etwa 100 kg auf eine Fläche von 1 cm². Der heute hauptsächlich verwendete Beton B 25 weist z.B. eine Druckfestigkeit von wenigstens 25 N/mm² auf.

Rohdichte

Rohdichte ist die heute gültige Bezeichnung des früheren spezifischen Gewichts eines Körpers einschließlich der in praktisch allen festen Stoffen vorhandenen Hohlräume (Poren). Üblicherweise wird entweder die Roh-

42

dichte der „lufttrockenen" Probe oder die Trockenrohdichte einer bei
105 °C bis zur Gewichtskonstanz getrockneten Probe ermittelt.

Sieblinie

Die Kornzusammensetzung eines Zuschlag-Gemischs läßt sich durch die
sogenannte Sieblinie zahlenmäßig definieren. Dazu wird ein Gemisch mit
Hilfe genormter Siebe nach seiner Korngröße in einzelne Korngruppen zer-
legt, und deren Gewichtsanteile werden graphisch aufgetragen. Man legt die
gewünschte Sieblinie üblicherweise vor Baubeginn fest und prüft sie vor und
während der Betonherstellung auf der Baustelle durch Siebungen. Sie läßt
sich aber auch beim erhärteten Beton nachträglich bestimmen. Dazu wird
das Bindemittel des Betons durch eine Säure gelöst, so daß die Zuschläge wieder in ihrer ursprünglichen Form vorliegen. Dieses Verfahren setzt jedoch
voraus, daß die Zuschläge nicht löslich sind; diese würden sonst durch die
Säure ebenfalls aufgelöst werden (z.B. Kalkstein). Durch ein anderes Verfahren läßt sich die Sieblinie weitgehend exakt anhand der präparierten Schnittfläche einer Betonprobe ermitteln. Hier werden mit Hilfe eines optischen
Meßgeräts Zuschläge entsprechend ihrer Größe ausgezählt.

Wasseraufnahme und Abschleifverlust

Die Wasseraufnahme eines Betons wird ermittelt, indem man eine trockene
Probe in Wasser stellt und durch vorheriges und nachträgliches Wiegen die
eingedrungene Wassermenge bestimmt. Diese Prüfung kann bei normalem
Luftdruck (etwa 1 bar; frühere Bezeichnung: 1 atm.) und bei 150 bar erfolgen.

Für den Abschleifverlust – z.B. zur Prüfung von Gehwegplatten – wird mit
Hilfe einer genormten Schleifscheibe die in einer festgelegten Zeit abge-
schliffene Materialmenge ermittelt.

ERGEBNISSE

Die in den Tabellen auf S. 46 bis 63 beschriebenen 33 Betonproben stammen
überwiegend aus Bauwerken im heutigen Westdeutschland, d. h. aus den
römischen Provinzen Germania Inferior, Germania Superior und Gallia
Belgica. Es handelt sich dabei um Mauern und Wände, Gewölbe, Estriche
und Böden, Wasserbecken sowie Wasserleitungen, d. h. die wichtigsten
vorkommenden Bauwerksarten. Aus diesem Grunde und wegen der im
Abschnitt „Römische Baukunst" dargelegten Einzelheiten kann angenommen werden, daß sich für andere Bauten aus dem Imperium Romanum nicht
grundsätzlich andere Werte ergeben.

Für die Untersuchung der römischen Bauwerksproben ließen sich in den
meisten Fällen nur Würfel mit kleinerer Kantenlänge als 20 cm oder aber
Bohrkerne gewinnen; außerdem gelang es nicht oft, eine Serie aus drei Prüf-

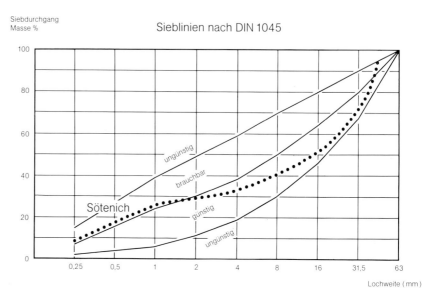

Bild 29: Die Sieblinie der Probe 30 wurde in das Formblatt der heute gültigen Bauvorschriften (DIN 1045) eingetragen; der römische Beton erfüllt diese Vorschrift und ist ein „wasserundurchlässiger Beton" mit günstiger Verarbeitbarkeit und hoher Festigkeit.

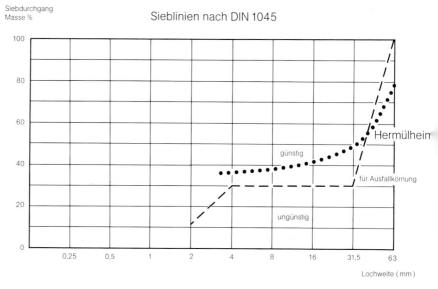

Bild 30: Die Sieblinie der Probe 27/41 wurde in das Formblatt für Ausfallkörnung der heute gültigen Bauvorschriften (DIN 1045) eingetragen; der römische Beton erfüllt diese Vorschrift und ist ein „wasserundurchlässiger Beton" mit günstiger Verarbeitbarkeit und hoher Festigkeit.

44

körpern zur Verfügung zu stellen. Trotzdem ist eine Reihe wichtiger Aussagen möglich.

Die Untersuchungsergebnisse sind in den bereits erwähnten Tabellen sowie in den Bildern 29 und 30 zusammengestellt und lassen folgende Schlüsse zu:

Druckfestigkeit, Elastizitätsmodul und Rohdichte

Die gemessenen Druckfestigkeitswerte liegen zwischen rund 5 und rund 40 N/mm². Sie erreichen damit durchaus die Größenordnung eines Betons unserer Tage: Der heute am häufigsten verwendete B 25 hat eine Druckfestigkeit von mindestens 25 N/mm², für hohe Beanspruchungen (z.B. im Brückenbau) liegen die Werte zwischen 40 und 60 N/mm². Bei derartigen Vergleichen muß natürlich berücksichtigt werden, daß die heutigen Zemente und Betonverdichtungsmethoden wesentlich günstigere Voraussetzungen geschaffen haben. So ist der Erhärtungsvorgang (und damit z.B. die Entwicklung der Druckfestigkeit) heute in wenigen Monaten nahezu abgeschlossen. Für schnell erhärtende Zemente reichen hierfür weniger als 28 Tage aus. Bei den Bindemitteln im römischen Beton muß dagegen mit vielen Monaten oder sogar Jahren gerechnet werden.

Die größten gemessenen Werte traten bei Estrichen und Böden sowie bei Wasserleitungen auf. Das leuchtet ein, da für diese Konstruktionen besondere Sorgfalt bei der Bauausführung erforderlich ist. Mauern und Gewölbe kommen wegen ihrer massiven Dimensionen dagegen mit kleineren Werten aus. Bemerkenswert sind die vergleichsweise niedrigen Werte für Wasserbecken. Hier ist zu bedenken, daß einem wasserundurchlässigen Beton nur selten gleichzeitig eine tragende Funktion zugemessen wird – eine auch heute noch übliche Verfahrensweise.

Der bei Probe 27/41 gemessene Elastizitätsmodul liegt niedriger, als es die hohe Druckfestigkeit erwarten ließe. Die Ursachen sind vermutlich flache Hohlräume unter den Zuschlagkörnern (infolge Wasserlinsen beim Betonieren).

Die Rohdichte des römischen Betons weist eine ähnliche Größenordnung wie die eines heutigen Betons auf. Dieses Ergebnis war zu erwarten, da die Rohdichte in starkem Maße von den Zuschlägen des Betons abhängt.

Zuschläge und Sieblinien

Die untersuchten Proben enthalten als Zuschlag Quarz, Grauwacke (ein fester und feinkörniger Sandstein), Sandstein, Kalkstein, Basalt, Tuff, Ziegel („Ziegelkleinschlag"), Splitt und in Einzelfällen Holzkohle. Die Zuschläge kommen als Kies (abgerundetes Korn) und als Splitt (gebrochenes Korn) vor. Für die Bauwerke wurde aus Kostengründen möglichst örtlich vorhandenes Material verwendet. So konnten bei der Probe 27/41 als Zuschläge ein typischer „Eifelbasalt" und Tuffe nachgewiesen werden, wie sie im Raum Neu-

Materialprüfungen an römischem Beton

Proben Nr.	Probe entnommen aus	Bauzeit n. Chr.	Beurteilung des Kornaufbaus nach Augenschein	Druckfestigkeitsprüfung		Rohdichte in kg/dm³	
				Kantenlänge des Würfels (oder ∅ des Bohrkerns) in cm	Druck-festigkeit in N/mm²	luft-trocken	bei 10 getroc
Mauern und Wände							
1/44	Stadtmauer (unter Gelände), Köln	50 bis 69	Plattiges Grobkorn bis 30 cm (Grau-wacke und etwas Basalt) mit mörtel-reichem Beton 0/32 mm (Grau-wacke und etwas Quarz), schichten-weiser Aufbau	19,3 19,0 17,0	26,0 8,4 10,7	2,25 2,11 2,11	
2/45	Stadtmauer (über Gelände), Köln	50 bis 69	Plattiges Grobkorn bis 40 cm (Grau-wacke und feinkör-niger Sandstein) mit mörtelreichem Beton 0/20 mm (Sandstein, Quarz und etwas Basalt), schichtenweiser Aufbau	15,6 15,0 14,8	8,8 9,5 10,1	2,11 2,04 2,07	
3/1	Mauer oder Innenbauten, Saalburg im Taunus	etwa 200	Zuschlag 0/40, Aus-fallkörnung 0/3 und 15/40, quarziti-sches Material	7,5	6,1		1,
4/2	Mauer oder Innenbauten, Saalburg im Taunus	etwa 200	Zuschlag 0/40, Ziegelsplitt mit Quarzsand	6,1 6,8	19,5 15,3		1,

Wasseraufnahme in Vol.-%		Abschleif-verlust nach DIN 52 108 in cm³/ 50 cm²	Sonstige Prüfungen	Bindemittel (in Klammern das mut-maßliche Ausgangsgestein)	Schnittfläche
1 bar	bei 150 bar				
Mauern und Wände					
				Dolomitkalk (Dolomitkalkstein) mit Puzzolan	
				Dolomitischer Kalk (dolomitischer Kalkstein) mit Puzzolan	
,0	28,5			Dolomitischer Kalk (dolomitischer Kalkstein)	
,8	35,5			Kalk (Kalkstein)	

Materialprüfungen an römischem Beton (Fortsetzung)

Proben Nr.	Probe entnommen aus	Bauzeit n. Chr.	Beurteilung des Kornaufbaus nach Augenschein	Druckfestigkeitsprüfung Kantenlänge des Würfels (oder ⌀ des Bohrkerns) in cm	Druck-festigkeit in N/mm²	Rohdichte in kg/dm³ luft-trocken	bei 10 getroc
colspan-title: **Mauern und Wände**							
5/15	Seitenwand, Mosaik, Kreuznach	Mitte 3. Jahrh.	Zuschlag 0/30, Ziegelsplitt, „Kiesnester"				1,8
6/21	Hafenspeicher (Horreum), Mauer 1a, Martinsviertel Köln	Mitte 2. Jahrh.	Zuschlag 0/30 mit Überkorn, Quarz-Schiefer-Gestein	5	13,5 18,8 10,1		2,0
7/25	Hafenspeicher (Horreum), Martinsviertel Köln	Mitte 2. Jahrh.	Zuschlag 0/30, Quarz und Ziegelsplitt	7	12,4 10,5 12,1 7,4		1,
8/26	Hafenspeicher (Horreum), Martinsviertel Köln	Mitte 2. Jahrh.	Zuschlag 0/30, mit geringem Überkorn	7	17,2 15,1 14,5 14,1		1,

Wasseraufnahme in Vol.-%		Abschleif-verlust nach DIN 52 108 in cm³/ 50 cm²	Sonstige Prüfungen	Bindemittel (in Klammern das mutmaßliche Ausgangsgestein)	Schnittfläche
1 bar	bei 150 bar				
Mauern und Wände					
,3	30,8			Kalk (Kalkstein)	
,5				Kalk (Kalkstein) mit Puzzolan, wahrscheinlich Traß	
,5				Kalk (Kalkstein) mit Puzzolan, wahrscheinlich Ziegelmehl	
,6				Kalk (Kalkstein) mit Puzzolan, wahrscheinlich Ziegelmehl	

Materialprüfungen an römischem Beton (Fortsetzung)

Proben Nr.	Probe entnommen aus	Bauzeit n. Chr.	Beurteilung des Kornaufbaus nach Augenschein	Druckfestigkeitsprüfung		Rohdichte in kg/dm³	
				Kantenlänge des Würfels (oder ∅ des Bohrkerns) in cm	Druck-festigkeit in N/mm²	luft-trocken	bei 10. getroc.
			Gewölbe				
9/13	Gewölbe eines Kellergangs, Kaiserthermen, Trier	280 bis 300	Zuschlag 0/15 mit Überkorn, Quarzit und vereinzelt Holzkohle	6,1	16,5		1,8
10/14	Gewölbe des SW-Eingangs, Amphitheater, Trier	1. Hälfte 2. Jahrh.	Zuschlag 0/15, Kies	6,9	7,2		1,6
			Estriche und Böden				
11/4	Estrich aus der Palast-Aula (Basilika), vorkon-stantinische Anlage, Trier	2. bis 3. Jahrh.	Zuschlag 0/15 mit guter Kornverteilung, Ziegelsplitt	7,5	13,8		1,
12/9	Unterboden des Hypokaustraumes der Palast-Aula (Basilika), konstantinische Anlage, Trier	etwa 310	Zuschlag 0/15, vorwiegend Kies, etwas grober Ziegelsplitt, vereinzelt Holzkohle				1,

Wasseraufnahme in Vol.-%		Abschleif-verlust nach DIN 52108 in cm³/ 50 cm²	Sonstige Prüfungen	Bindemittel (in Klammern das mut-maßliche Ausgangsgestein)	Schnittfläche
1 bar	bei 150 bar				
Gewölbe					
7,0	30,0			Dolomitkalk (Dolomitkalkstein)	
4,3	38,0			Kalk (Kalkstein)	
Estriche und Böden					
9,6	33,5	51,5		Dolomitkalk (Dolomitkalkstein)	
9,8	26,4			Dolomitischer Kalk (dolomitischer Kalkstein)	

51

Materialprüfungen an römischem Beton (Fortsetzung)

Proben Nr.	Probe entnommen aus	Bauzeit n. Chr.	Beurteilung des Kornaufbaus nach Augenschein	Druckfestigkeitsprüfung		Rohdichte in kg/dm³	
				Kantenlänge des Würfels (oder ∅ des Bohrkerns) in cm	Druck-festigkeit in N/mm²	luft-trocken	bei 105 getrock
Estriche und Böden							
13/10	Unter-Estrich für Mosaik, Kreuznach	Mitte 3. Jahrh.	Zuschlag 0/15 in 2 Schichten, unten 0/15, oben 0/7, Ziegelsplitt				1,5
14/11	Unter-Estrich für Mosaik, Kreuznach	Mitte 3. Jahrh.	Zuschlag 0/7, gut abgestuft, Ziegelsplitt	4,6	21,8		1,3
15/6	Estrich für Mosaik, Palaestra Kaiserthermen, vorthermenzeit-liche Anlage, Trier	2. bis 3. Jahrh.	Zuschlag 0/30, Ausfallkörnung 0/3 und 7/30, marmoriert, Ziegelsplitt	4,5	17,7		1,7

Wasseraufnahme in Vol.-%		Abschleif-verlust nach DIN 52 108 in cm³/ 50 cm²	Sonstige Prüfungen	Bindemittel (in Klammern das mut-maßliche Ausgangsgestein)	Schnittfläche
1 bar	bei 150 bar				
	**Estriche und Böden**

7,0	41,0			Kalk (Kalkstein)	
2,7	47,5	31,6		Kalk (Kalkstein)	
2,8	36,7			Dolomitischer Kalk (dolomitischer Kalkstein)	

Materialprüfungen an römischem Beton (Fortsetzung)

Proben Nr.	Probe entnommen aus	Bauzeit n. Chr.	Beurteilung des Kornaufbaus nach Augenschein	Druckfestigkeitsprüfung		Rohdichte in kg/dm³	
				Kantenlänge des Würfels (oder ⌀ des Bohrkerns) in cm	Druck-festigkeit in N/mm²	luft-trocken	bei 105 getrock
Wasserbecken							
16/22	Wasserbecken (Natatio), Martinsviertel Köln	Mitte 1. Jahrh.	Zuschlag 0/30, Ausfallkörnung 0/7 und 15/30, Ziegelsplitt	7	7,3		1,5
17/23	Wasserbecken (Natatio), Martinsviertel Köln	Mitte 1. Jahrh.	Zuschlag 0/30, Ausfallkörnung 0/7 und 15/30, Ziegelsplitt	7	8,3		1,5
18/27	Boden 3 für Wasserbecken (Natatio), Martinsviertel Köln	Mitte 1. Jahrh.	Zuschlag 0/50, Quarz, Tuff	7	5,8		1,4
19/28	Mauer 2 für Wasserbecken (Natatio), Martinsviertel Köln	Mitte 1. Jahrh.	Zuschlag 0/70, Quarz, Tuff	5 5 5	6,6 6,1 5,3		1,7

Wasseraufnahme in Vol.-%		Abschleif-verlust nach DIN 52 108 in cm³/ 50 cm²	Sonstige Prüfungen	Bindemittel (in Klammern das mut-maßliche Ausgangsgestein)	Schnittfläche
1 bar	bei 150 bar				
				Wasserbecken	
8,2				Kalk (Kalkstein) mit Puzzolan, wahrscheinlich Ziegelmehl	
8,4				Kalk (Kalkstein) mit Puzzolan, wahrscheinlich Ziegelmehl	
7,8				Kalk (Kalkstein) mit Puzzolan, wahrscheinlich Traß	
5,9				Kalk (Kalkstein) mit Puzzolan, wahrscheinlich Traß	

Materialprüfungen an römischem Beton (Fortsetzung)

Proben Nr.	Probe entnommen aus	Bauzeit n. Chr.	Beurteilung des Kornaufbaus nach Augenschein	Druckfestigkeitsprüfung Kantenlänge des Würfels (oder ∅ des Bohrkerns) in cm	Druck-festigkeit in N/mm²	Rohdichte in kg/dm³ luft-trocken	bei 105 getrock
			Wasserbecken				
20/29	Mauer 2 für Wasserbecken (Natatio), Martinsviertel Köln	Mitte 1. Jahrh.	Zuschlag 0/70, Quarz, Tuff	6 6	4,0 7,0		1,6
21/16	Boden für großes Warm-wasserbecken (Caldarium B), Barbarathermen, Trier	1. Hälfte 2. Jahrh.	Zuschlag 0/7, dichter Aufbau, kugelige Poren, Ziegelsplitt	6,3	16,6		1,4
22/5	Boden für Badebecken, Palaestra Kaiserthermen, vorthermenzeit-liche Anlage, Trier	Ende 2. Anfang 3. Jahrh.	Zuschlag 0/15, weicher Kalk 0/7, Ziegelsplitt 7/15	6,3	15,1		1,5
23/12	Boden für Warm-wasserbecken, Kaiserbad, Baden-Baden	Anfang 3. Jahrh.	Zuschlag 0/15, Ausfallkörnung 0/3 und 7/15, Ziegelsplitt	5,6	14,7		1,7

Wasseraufnahme in Vol.-%		Abschleif-verlust nach DIN 52108 in cm³/ 50 cm²	Sonstige Prüfungen	Bindemittel (in Klammern das mut-maßliche Ausgangsgestein)	Schnittfläche
1 bar	bei 150 bar				
				Wasserbecken	
7,1				Kalk (Kalkstein) mit Puzzolan, wahrscheinlich Traß	
0,6	45,6	55,0		Kalk (Kalkstein)	
,5	43,5	43,5		Kalk (Kalkstein)	
,6	60,5			Kalk (Kalkstein)	

Materialprüfungen an römischem Beton (Fortsetzung)

Proben Nr.	Probe entnommen aus	Bauzeit n. Chr.	Beurteilung des Kornaufbaus nach Augenschein	Druckfestigkeitsprüfung Kantenlänge des Würfels (oder ∅ des Bohrkerns) in cm	Druck-festigkeit in N/mm²	Rohdichte in kg/dm³ luft-trocken	bei 10⁵ getroc.
			Wasserbecken				
24/7	Wasserkastell Palaestra Kaiserthermen, vorthermenzeit-liche Anlage, Trier	3. Jahrh.	Zuschlag 0/30, Ziegelsplitt mit viel Feinkorn	5,2 5,3	8,0 9,8		1,5
25/8	Wasserkastell Palaestra Kaiserthermen, vorthermenzeit-liche Anlage, Trier	3. Jahrh.	Zuschlag 0/30, Ziegelsplitt mit viel Grobkorn	6,3 6,0	18,2 15,4		1,5
26/3	Boden für Badebecken (Caldarium), Landvilla Newel, Trier	etwa 300	Zuschlag 0/7, Ziegelsplitt, zweischichtiger Estrich	6,3	17,5		1,4
			Wasserleitungen				
27/41	Wasserleitung nach Köln, Aufgehendes, Hermülheim	1. Jahrh.	Zuschlag 0/70, Ausfallkörnung 0/8 und 50/70, Basalt	∅ 15 (H = ∅)	40,2 35,4 35,1	2,58 2,59 2,58	

Wasseraufnahme in Vol.-%		Abschleif-verlust nach DIN 52 108 in cm³/ 50 cm²	Sonstige Prüfungen	Bindemittel (in Klammern das mut-maßliche Ausgangsgestein)	Schnittfläche
1 bar	bei 150 bar				
Wasserbecken					
),5	42,4	41,3		Kalk (Kalkstein)	
,0	39,5			Kalk (Kalkstein)	
,0	46,5	34,0		Dolomitkalk (Dolomitkalkstein)	
Wasserleitungen					
			Elastizitäts-modul = E = 18 000 N/mm², Mörtel wenig druckfest, Wasser-linsen; Prüfkörper ⌀ 15, H = 30	Kalk (Kalkstein) mit Puzzolan	

59

Materialprüfungen an römischem Beton (Fortsetzung)

Proben Nr.	Probe entnommen aus	Bauzeit n. Chr.	Beurteilung des Kornaufbaus nach Augenschein	Druckfestigkeitsprüfung		Rohdichte in kg/dm³	
				Kantenlänge des Würfels (oder ∅ des Bohrkerns) in cm	Druckfestigkeit in N/mm²	luft-trocken	bei 10 getroc
Wasserleitungen							
28/42	Wasserleitung nach Köln, Boden, Hermülheim	1. Jahrh.	Zuschlag 0/70 in 3 Schichten; von oben: 1. Ziegelsplitt 0/25 2. Tuff 50/70 Ausfallkörnung 3. Basalt 50/70 Ausfallkörnung	∅ 15 (H = ∅)	22,6	2,34	
29/43	Wasserleitung nach Köln, Boden, Breitenbenden	2. Jahrh.	Zuschlag 0/25, Ausfallkörnung (mit Sinterschicht), Ziegelsplitt	5,0 5,0	9,9 11,1	1,53 1,53	
30*)	Wasserleitung nach Köln, Sötenich	2. Jahrh.	Zuschlag 0/50, Ziegelmehl, Kiessand, grauer Kalksteinsplitt 20/50	etwa 15 etwa 15	10,6 11,4	2,06	
31**)	Boden für Tunnelauskleidung, Acquarossa/Italien		Zuschlag 0/32, Ziegelsplitt, Lava, Tuff, gut abgestuft	4,0	9,0	1,85	
32**)	Aufgehendes für Tunnelauskleidung, Acquarossa/Italien		Zuschlag 0/8, Ziegelsplitt, Lava, Tuff, gut abgestuft	4,0	12,0	2,05	
33**)	Putz im oberen Bereich des Aufgehenden für Tunnelauskleidung, Acquarossa/Italien		Zuschlag 0/4, Ziegelsplitt, Lava, Tuff	1,0	7,0	1,15	

*) nach [43]
**) nach [70]

Wasseraufnahme in Vol.-%		Abschleif-verlust nach DIN 52 108 in cm³/ 50 cm²	Sonstige Prüfungen	Bindemittel (in Klammern das mut-maßliche Ausgangsgestein)	Schnittfläche
1 bar	bei 150 bar				
			Wasserleitungen		
				Dolomitischer Kalk (dolomitischer Kalkstein) mit Puzzolan	
			Biege-zug-festig-keit =0,50 N/mm²		
				Chemische Analyse ist in *) enthalten (Sötenicher Kalkstein)	
,0					
,0					
,0					

Heutiger Beton

Proben Nr.			Beurteilung des Kornaufbaus nach Augenschein	Druckfestigkeitsprüfung		Rohdichte in kg/dm³	
				Kantenlänge des Würfels (oder ∅ des Bohrkerns) in cm	Druckfestigkeit in N/mm²	lufttrocken	bei 1C getro
34	Ziegelsplitt-Beton (kaum noch verwendet)		meistens: Zuschlag 0/30, Ziegelsplitt, evtl. mit Natursand, gut abgestuft	20,0	bis 25	bis 2,0	bis 1
35/30	Beton für Ingenieur-Bauwerke (z. B. Brücken)	Normal-beton	meistens: Zuschlag 0/32 (Kies oder Splitt), gut abgestuft	20,0	40 bis 60	etwa 2,4	etw
36/49		Leicht-beton	meistens: Zuschlag 0/16 (künstlich hergestellt), oft mit Natursand, gut abgestuft	20,0	bis 50	bis 2,0	bis
37/36	Wasserundurchlässiger Beton		meistens: Zuschlag 0/32 (Kies oder Splitt), gut abgestuft	20,0	mehr als 25	etwa 2,4	etw

Wasseraufnahme in Vol.-%		Abschleif-verlust nach DIN 52108 in cm³/ 50 cm²	Sonstige Prüfungen	Bindemittel (in Klammern das Ausgangsgestein)	Schnittfläche
1 bar	bei 150 bar				
				Zement (Mischung aus Kalkstein und Ton)	
s 12	10 bis 15	20 bis 25 (Geh-weg-platten)	E=34000 bis 39000 N/mm²	Zement (Mischung aus Kalkstein und Ton)	
			E=10000 bis 24000 N/mm²	Zement (Mischung aus Kalkstein und Ton)	
s 15	12 bis 18		E=30000 bis 37000 N/mm²	Zement (Mischung aus Kalkstein und Ton)	

wied vorkommen. Eine Sieblinie im heutigen Sinne kannten die Römer nicht, wenngleich VITRUV die Bedeutung eines abgestuften Materials geläufig war. Die Schnittflächen der abgebildeten Proben lassen sowohl stetige als auch stufenartige Sieblinien („Ausfallkörnung") vermuten. Beide Verfahren sind auch heute üblich. In Bild 29 ist eine stetige (Probe 30) und in Bild 30 eine nicht stetige Sieblinie (Probe 27/41) eingetragen. Diese Kurven brachten eine Überraschung: Sie zeigen, daß die Sieblinien der Zuschläge unseren jetzt gültigen Bauvorschriften entsprechen. Man könnte heute die gleiche Kornzusammensetzung wählen, wenn es um die Herstellung eines wasserundurchlässigen Betons mit günstiger Verarbeitbarkeit und hoher Festigkeit ginge.

Wasseraufnahme und Abschleifverlust

Werte für die Wasseraufnahme wurden vor allem bei Proben mit niedrigen Druckfestigkeiten ermittelt. Die Prüfung der Wasseraufnahme hat heute für die Baupraxis meistens eine untergeordnete Bedeutung.

Der bei Proben von römischen Beckenböden gemessene Abschleifverlust liegt fast doppelt so hoch wie der von jetzt üblichen Gehwegplatten aus Beton. Dabei ist jedoch die sehr unterschiedliche Funktion zu berücksichtigen.

Ausgangsgestein für Bindemittel

Als Ausgangsprodukte für Bindemittel wurden vorwiegend Kalkstein und Dolomitkalkstein verwendet (Bilder 31 und 32). Es spricht alles dafür, daß viele davon tonige „Verunreinigungen" enthielten, nach dem Brennen also ein hydraulisches Bindemittel ergaben. Eine Beigabe von Traß konnte zwar – prüftechnisch bedingt – nicht nachgewiesen werden; sie ist aber bei einigen Mörteln, besonders aus dem Raum Köln, sehr wahrscheinlich. Die Untersuchungen der Proben aus der Kölner Stadtmauer und der Wasserleitung bei Hermülheim zeigten nämlich, daß der Mörtel relativ viel Puzzolane und relativ wenig Kalkanteile enthielt. Ziegelmehl ergab sich bei der Analyse der Probe 30; seine Verwendung ist bei einigen weiteren Mörteln ebenfalls ziemlich sicher.

Betonherstellung

Die entnommenen Bauwerksproben – und teilweise sogar die abgebildeten Schnittflächen – lassen Schlüsse auf die Herstellung des römischen Betons zu, wie sie bereits von VITRUV her und von den Ausführungen zum Stichwort Ziegeldurchschuß bekannt sind: Der Beton wurde in einzelnen Schichten eingebaut. Diese Schichten sind immer dann deutlich zu erkennen, wenn die Betonmischung sich konstruktionsbedingt änderte (z. B. Probe 13/10, Probe 26/3, Probe 28/42). Sie werden aber auch bei anderen Bauteilen sichtbar, z. B. bei Mauern mit abwechselnden Lagen aus Grobkorn und Feinbeton (Proben 1/44 und 2/45 sowie Bild 33).

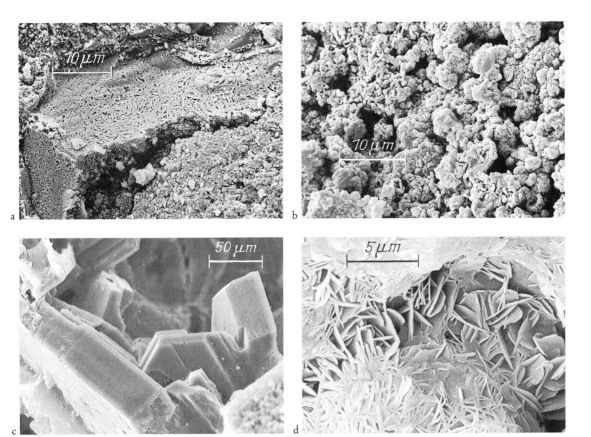

Bild 31: Ausgewählte Ergebnisse von rasterelektronenmikroskopischen Untersuchungen (1 μm = 1/1000 mm)

a Probe 1/44   Ziegelbruchstück eingebettet in Calciumsilicathydrat, entstanden als Reaktionsprodukt aus Calciumhydroxid des dolomitischen Kalkmörtels und Puzzolan.

b Probe 2/45   Calciumsilicathydrat, entstanden als Reaktionsprodukt aus Calciumhydroxid des dolomitischen Kalkmörtels und Puzzolan.

c Probe 27/41   Calciumcarbonat (Calcit), entstanden durch CO_2-Aufnahme aus Calciumhydroxid des Kalkmörtels.

d Probe 29/43   Magnesiumhydroxid (Brucit), Bestandteil des dolomitischen Kalkmörtels.

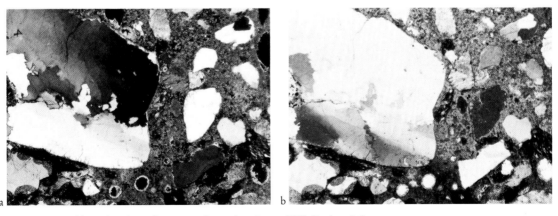

Bild 32: Beispiel für mikroskopische Untersuchung eines Dünnschliffs (Probe 2/45)

a Polarisatoren gekreuzt
b Polarisatoren parallel

Quarz-Zuschlag (linke Hälfte beider Bilder) in Mörtel aus Kalk und Feinzuschlag.

Bild 33: *Opus caementitium* aus der römischen Stadtmauer Köln (Bauzeit um 50 n. Chr.) als Ausstellungsstück vor dem Haus Pferdmengesstraße 7 in Köln-Marienburg; der Brocken läßt den schichtweisen Aufbau des römischen Betons erkennen (Probe 1/44).

Auch heute ist der schichtweise Einbau des Betons üblich; die Schichten werden „frisch auf frisch" eingebracht und dann meistens mit einem Rüttelgerät verdichtet sowie miteinander verbunden. So entsteht ein Bauwerk „aus einem Guß". Die römischen Bauleute wendeten das gleiche Prinzip an; zum Verdichten des Betons und zur Verbindung der Schichten waren Stampfer aus Holz und Metall im Gebrauch.

Die vereinzelt als Zuschlag gefundene Holzkohle hat hier und da Anlaß zu technologischen Überlegungen gegeben. Wahrscheinlich handelt es sich aber um „Verunreinigungen", die zufällig in die Mischung gerieten.

Bemerkenswert sind die kugeligen Poren in Probe 21/16 aus dem Boden eines Warmwasserbeckens. Möglicherweise wurden hier dem Grobmörtel Zusätze beigegeben, die ihn wasserundurchlässig machen sollten. Es sei auf die bereits zitierte Empfehlung von VITRUV verwiesen (S. 37).

In der Schnittfläche der Probe 29/43 ist eine etwa 1 cm dicke Sinterschicht zu erkennen. Diese aus fast allen römischen Wasserleitungen bekannten Kalkablagerungen sind stellenweise – je nach Zusammensetzung des transportierten Wassers und der Betriebsdauer der Leitung – bis zu einer solchen Dicke angewachsen, daß die Leitung sich fast zusetzte. Der Kalksinter aus der Eifelleitung nach Köln war vor allem im Mittelalter wegen seiner ausdrucksvollen Marmorierung sehr geschätzt und ist heute noch in zahlreichen Kirchen – bis hin nach Dänemark – in Form von Säulen, Altarplatten u. a. zu sehen.

Zusammenfassung

Mit dem römischen Beton erreicht die Baugeschichte einen Höhepunkt. Bedeuten doch z. B. die Druckfestigkeitswerte der Probe 27/41, daß ein Quadratzentimeter der Oberfläche einer Belastung von etwa 400 kg standhielt, ehe die Probe zerbrach. Dies entspricht einem Gewicht von fünf bis sechs Personen; eine Fläche von Postkartengröße würde also das Gewicht einer Lokomotive von 50 bis 60 Tonnen aufnehmen. Heute liegen etwa drei Viertel aller Betonneubauten mit ihren Festigkeitswerten in dieser Größenordnung oder niedriger. Als Zuschläge bevorzugten die Römer aus Kostengründen örtlich anstehendes Material. Die Kornzusammensetzung erfolgte nach ähnlichen Gesichtspunkten wie in unserer Zeit. Die Ermittlung zweier antiker Sieblinien zeigte, daß diese römische Kornzusammensetzung auch unsere heutigen Bauvorschriften erfüllt. Als Ausgangsgestein für das Bindemittel wurden im wesentlichen die gleichen Arten benutzt wie heute für Zement und Baukalk. Häufig setzte man dem Beton puzzolanische Stoffe wie Traß oder Ziegelmehl zu.

Der römische Beton wurde in Schichten eingebracht. Wegen einer gleichmäßigen Lastübertragung im Bauwerk ist dieses Vorgehen auch heute üblich (Ausnahme: Spezialverfahren). Bei sachgemäßem Verbund der Schichten durch Stampfen ergab sich so ein Bauteil „aus einem Guß" mit ähnlichen Eigenschaften wie vergleichbarer Naturstein.

Erst diese neue Bauweise ermöglichte die römischen Gewölbe und damit riesig wirkende Raumkonstruktionen, die vorher nicht möglich waren. Man kann sicher sagen, daß dem *opus caementitium* eine wesentliche Bedeutung für den jahrhundertelangen Bestand des Römischen Weltreiches zukommt. Ein weiterer Qualitätsbeweis ist die lange Lebensdauer heute noch vorhandener Bauwerke. Sie wurden im übrigen meistens nicht durch Verwitterung zerstört, sondern durch Menschenhand: Antike Bauten waren zu allen Zeiten beliebte Steinbrüche.

Bild 34: Pont du Gard bei Nîmes/Frankreich; den etwa 50 m hohen und 269 m weitgespannten Aquädukt bilden drei übereinander liegende Brücken aus mörtellos gefügten Steinen; die Wasserleitung besteht aus *opus caementitium* (Baubeginn 19 v. Chr.); die Funktion des Bauwerks bestand nur in der Überführung der Wasserleitung über das Tal; die auf der unteren Bogenreihe verlaufende Straße stammt aus dem Jahre 1743.

BAUWERKE

Wie wir sahen, fand der römische Beton zunächst bei Mauern, Aquädukten, Becken usw. Verwendung; dann entdeckte man seine Eignung für ganz neue Konstruktionsformen. Bauwerke wurden hier und da zwar auch weiterhin aus unvermörtelten, bearbeiteten Steinen hergestellt; es bedurfte dann aber eines Vielfachen an Aufwand und Kosten.

In den folgenden Abschnitten sollen Anwendungsbeispiele für Bauten im Rahmen der Wasserversorgung, der Abwassertechnik sowie der Anlage von Thermen, Häfen, Straßen, Brücken, Mauern, Theatern, Amphitheatern und Privathäusern beschrieben werden. Ein besonderes Kapitel gilt den Großbauten mit verschiedenartigen Gewölbekonstruktionen. Zur Abrundung schließen sich einige Gedanken über Baurationalisierung und das damalige Leben im Alltag an.

WASSERLEITUNGEN

Voraussetzung für jegliches menschliche Leben ist das Wasser; das zeigt sich besonders in Ländern mit trockenem und heißem Klima. So ist es kein Wunder, daß die Römer bei ihrer Geschicklichkeit und ihren Möglichkeiten auch die klassischen Wasserbauer werden. Wasser galt bei Griechen und Römern als etwas Göttliches; die Römer finden in ihrer pragmatischen Denkweise aber nichts dabei, es mit technischen Mitteln zu beherrschen.

Bild 35: Schnitte durch die römische Wasserleitung aus der Eifel nach Köln (Bauzeit 1. und 2. Jahrh. n. Chr.); siehe Bilder 46 und 52.

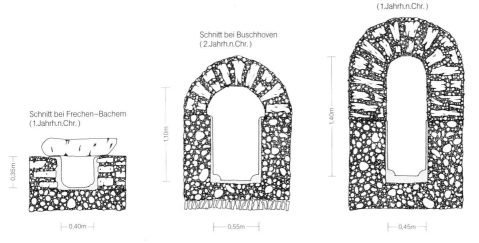

Schnitt bei Hürth
(1.Jahrh.n.Chr.)

Schnitt bei Buschhoven
(2.Jahrh.n.Chr.)

Schnitt bei Frechen–Bachem
(1.Jahrh.n.Chr.)

1,40m

1,10m

0,35m

0,40m

0,55m

0,45m

69

Die einfachste Art der Wasserversorgung bilden Zisternen (Wasserspeicher), in denen das Regenwasser gesammelt wird. Weitaus unabhängiger vom Regen sind natürlich ein Bach, ein Fluß oder eine Quelle. Wir kennen mehrere aus Flüssen abgezweigte Wasserleitungen (z. B. in Trier, Side/Türkei, Segovia/Spanien sowie Aix-en-Provence und Lyon in Frankreich). Auch der heute noch vorhandene Duffesbach in Köln wurde in der Antike zur Wasserversorgung herangezogen. Wohlschmeckender als Flußwasser ist jedoch Quellwasser. Aus diesem Grunde entstehen nach und nach eine Vielzahl von Wasserleitungen, die frisches Quellwasser in die Städte bringen.

In der Kaiserzeit baut man sie fast immer aus *opus caementitium* und deckt diese Kanalleitungen mit Natursteinplatten oder einer gemauerten Wölbung ab (Bild 35). Auf Brückenkonstruktionen werden sie über Täler und mit Hilfe von Stollen durch Berge geführt. Im deutschen Sprachgebrauch hat es

Bild 36: VALENS-Aquädukt in Istanbul/Türkei aus *opus caementitium* (Bauzeit 4. Jahrh. n. Chr.).

Bild 37: ALEXANDER-Aquädukt in der Campagna bei Rom (Bauzeit Anfang 3. Jahrh. n. Chr.).

Piktogramm eines Aquädukts als Hinweiszeichen für Autofahrer.

sich eingebürgert, eine über eine Bogenkonstruktion geführte Wasserleitung als Aquädukt (Bilder 34, 36 und 37) zu bezeichnen, obwohl die Übersetzung des lateinischen Wortes eigentlich Wasserführung bedeutet, sich also auf die gesamte Leitung beziehen müßte. Seit einiger Zeit gibt es bei uns ein amtliches Hinweiszeichen auf archäologische Stätten: es zeigt einen stilisierten Aquädukt.

Am Rande der Stadt gelangt das Wasser in ein Verteilerbauwerk, ein sogenanntes Wasserschloß (Bilder 38 bis 40). VITRUV empfiehlt hierfür drei Abflüsse in verschiedener Höhe. Der untere Abfluß führt zu den öffentlichen Brunnen, der mittlere zu den Badeanstalten und Springbrunnen und der obere zu den Privatabnehmern, die ein tariflich festgelegtes Wassergeld zahlen müssen. Wenn Schwierigkeiten bei der Wasserversorgung auftraten,

WO FINDET MAN TRINKWASSER?

Trinkwasser ist leicht zugänglich, wenn seine Quellen offen zutage treten. Wenn sie aber nicht emporquellen, muß man die Quellen unter der Erde aufspüren. Das geschieht folgendermaßen: Man lege sich vor Sonnenaufgang mit zur Erde gewendetem Gesicht platt auf die Erde, stütze das Kinn auf und beschaue die Gegend. So nämlich wird . . . der Blick . . . in einer festbestimmten Höhe waagerecht über die Gegend schweifen. Erblickt man sich kräuselnde und in die Luft aufsteigende feuchte Dünste, dann soll man dort graben.

. . . Ebenso ist bei der Wassersuche die Aufmerksamkeit auf die Bodenart zu richten. . . . Als Kennzeichen für günstige Bodenarten können zarte Binsen, wilde Weide, Erle, Schilf, Efeu und andere derartige Gewächse angesehen werden.

VITRUV

Bild 38: Bauwerk zur Wasser-
verteilung *(castellum)* am
Ende der Leitung nach
Nîmes/Frankreich; durch zehn
Öffnungen in der Wand und
drei im Boden des kreisrunden
Beckens (Durchmesser 5,50 m)
wurde das Wasser in die
einzelnen städtischen
Versorgungsbereiche verteilt
(Bauzeit 1. Jahrh. v. Chr.).

Bild 39: Bauwerk zur Wasserverteilung *(castellum)* in
Pompeji/Italien mit drei
Ausflußöffnungen (Bauzeit
1. Jahrh. n. Chr.).

Bild 40: Wasserverteiler
Pompeji, siehe Bild 39; das
Wasser floß in Blickrichtung
und konnte mit Hilfe kleiner
„Wehre" beliebig durch die
drei Abflüsse links, Mitte und
rechts geleitet werden.

wurden also zuerst die „Reichen" betroffen, da das Wasser im oberen Behälter zuerst versiegte.

Dieser einleuchtende und von einer sozialen Gesinnung zeugende Vorschlag findet offenbar keinen Eingang in die Praxis; er würde auch nur bei strenger Kontrolle und drakonischen Strafmaßnahmen gegen Wassersünder funktionieren. So beklagt sich der Leiter der städtischen Wasserversorgung von Rom, S.I. FRONTINUS, in [29] bitter über Spitzbuben, die öffentliche Leitungen anzapfen und das Wasser unbefugterweise in Werkstätten, zu Feldbewässerungen und sogar in Freudenhäuser ableiten.

VITRUV (er war auch ein erfahrener Vermessungsingenieur) fordert für eine Wasserleitung ein gleichmäßiges Gefälle zwischen 0,25 und 0,5% und gibt eine ausführliche Beschreibung für die Konstruktion des städtischen Netzes vom Wasserschloß bis zum Endverbraucher. Im Gegensatz zu den größeren Überlandleitungen mit Freispiegelfläche verwendet man in der Stadt häufig Druckleitungen und schaltet im Bedarfsfall „Wassertürme" dazwischen (Bild 41). Die Druckleitungen bestehen aus Blei- (Bild 42) oder Tonrohren; es sind aber auch Elemente aus Holz, Stein und sogar „Beton"-Fertigteile im Gebrauch (S. 180). VITRUV weist ausdrücklich auf mögliche gesundheitliche Schäden durch das Blei hin und nennt die Nachteile der Tonrohr-Leitungen, die dem Wasserdruck nicht immer gewachsen sind. Bei undichten Stellen empfiehlt er, Asche hineinzuschütten, die diese Leckstellen verstopfen soll.

ANLAGE VON WASSERLEITUNGEN

Handelt es sich um betonierte Rinnen, dann muß das Bauteil möglichst fest sein. Die Sohle der Rinne soll ein nivelliertes Gefälle von nicht weniger als einen viertel und nicht mehr als einen halben Fuß auf hundert Fuß haben. Die Rinne soll überwölbt werden, um das Wasser vor der Sonne zu schützen. Kommt die Leitung an die Stadtmauer, so soll man dort ein Wasserschloß errichten (von dem aus die weitere Verteilung des Wassers erfolgt).

... Wenn aber zwischen der Stadtmauer und der Quelle Berge liegen, ist die Konstruktion von Tunnelstrecken erforderlich. Bei Tuff oder Fels kann die Kanalsohle in den Fels hineingearbeitet werden. Bei sandigem Boden ist eine massive Konstruktion für Sohlen, Wände und Überwölbung notwendig. Im Abstand von hundertzwanzig Fuß müssen Luftschächte angeordnet werden.

... Liegen zwischen Quelle und Stadtmauer Talsenken, ist die Leitung mit dem bereits genannten Gefälle durch einen Unterbau (in Deutschland Aquädukt genannt) *herzustellen. Sind aber weiter ausgedehnte Täler vorhanden, wird man die Leitung am Abhang entlang herabführen. Im Tal wird ein so hoher Unterbau errichtet, daß die Leitung eine möglichst lange Strecke die gleiche Niveauhöhe hat.*

... Enthält die Leitung ein „Knie", dann wird das Wasser hier (leicht) *durchbrechen und die Verbindungsfugen der Röhren sprengen.*

... Ferner ist es zweckmäßig, im Abstand von vierundzwanzigtausend Fuß Sammelbecken anzulegen, damit bei Schäden nicht die vollständige Anlage gestört und die Schadensstelle leichter gefunden wird.

VITRUV

Bild 41: Wasserturmruine in Pompeji/Italien; auf dem Bauwerk befand sich ein Bleibehälter, von dem aus das Trinkwasser in Bleirohren (innerer Durchmesser 3 bis 5 cm) den öffentlichen Brunnen und den Privatabnehmern des Bezirks zugeleitet wurde (Bauzeit 1. Jahrh. n. Chr.).

Bild 42: Große Bleirohre für Trinkwasserleitung in Arles/Frankreich; innerer Durchmesser etwa 12 cm, Wanddicke etwa 1 cm (Bauzeit Anfang 2. Jahrh. n. Chr.).

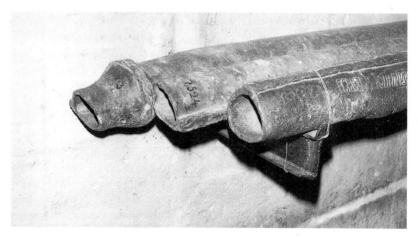

Eine der berühmtesten Wasserleitungen führt nach Nîmes (römisch: Nemausus) in Südfrankreich und verdankt ihr Ansehen einem der künstlerisch und technisch vollendetsten Aquädukte: dem Pont du Gard (Bilder 34 und 43). Dieses dreistöckige Brückenbauwerk mit unten 6, in der Mitte 11 und oben 35 Bögen aus mörtellos gefügten Werksteinblöcken wird ab 19 v. Chr. unter M. V. Agrippa errichtet und hat bei einer Höhe von nahezu 50 m eine Länge von rund 269 m. Die Funktion des noch fast völlig erhaltenen Bauwerks besteht in der Überführung des Leitungsstranges (aus *opus caementitium*) über das tief eingeschnittene Tal; die jetzt neben der unteren Bogenreihe verlaufende Straße wird in der heutigen Form erst 1743 gebaut.

Die meisten Aquädukte führen natürlich nach Rom. Der „Nabel der Stadt" *(umbilicus urbis Romae)* und damit des Weltreiches ist auf dem Forum Roma-

75

Bild 44: Verzeichnis wichtiger antiker Wasserleitungen nach Rom

| Name | Bauzeit | | Länge (in km) etwa | | | | | | | | Querschnitt im Unterlauf (B×H in m) etwa | Wasserqualität |
| | | | gesamt | | unterirdisch | | an der Erd-oberfläche | | auf Brücken (Aquädukt) | | | |
	nach [29]	nach [93]	nach [29]	nach [93]	nach [29]	nach [93]	nach [29]	nach [93]	nach [29]	nach [93]	nach [93]	nach [93]
vor Christi Geburt												
Appia	312	312	16,6	17,6	16,5	16,8	?	0,8	?	–	0,7×1,7	ausgezeichnet
Anio Vetus	272	272	63,6	64,0	63,3	63,6	0,3	0,4	–	–	0,9×2,3	schlecht, trübes Wasser
Marcia	144	144–140	91,3	91,2	80,2	80,0	0,8	0,8	10,3	10,4	1,5×2,6	ausgezeichnet
Tepula	125	126	?	18,4	?	8,4	0,8	0,8	?	9,2	0,8×1,1	warmes Quellwasser
Julia	33	33	22,8	22,8	13,2	12,4	0,8	0,8	9,6	9,6	0,6×1,5	ausgezeichnet
Virgo	19	21–19	20,9	20,8	19,0	19,2	0,8	0,4	1,0	1,2	0,6×1,8	ausgezeichnet
Alsietina	2	10–2	32,8	32,8	?	32,4	?	–	0,5	0,4	1,8×2,6	nicht trinkbar, nur als Brauchwasser vorgesehen
nach Christi Geburt												
Claudia	52	38–52	68,6	68,8	53,6	53,6	0,9	1,2	14,1	14,0	0,9×2,0	ausgezeichnet
Anio Novus	52	38–52	86,8	86,4	72,9	72,8	3,0	2,4	10,0	11,2	1,2×2,7	schlecht, trübes Wasser
Trajana		109–117		59,2		59,2		–		–	1,3×2,3	?
Alexandria		226		22,4		12,8		7,2		2,4	?	?

Bild 45: Trinkwasserverbrauch in römischer, vorindustrieller und heutiger Zeit.

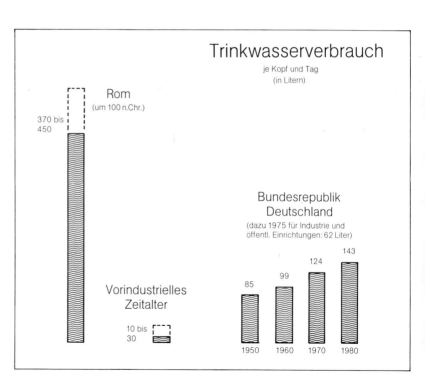

Trinkwasserverbrauch

je Kopf und Tag
(in Litern)

Rom
(um 100 n.Chr.)

370 bis
450

Bundesrepublik
Deutschland

(dazu 1975 für Industrie und
öffentl. Einrichtungen: 62 Liter)

143

124

99

85

Vorindustrielles
Zeitalter

10 bis
30

1950   1960   1970   1980

num sogar durch ein rundes Bauwerk markiert. S. I. Frontinus liefert uns eine exakte Beschreibung aller Leitungen, die am Ende des ersten Jahrhunderts n. Chr. nach Rom führen. Die wichtigsten Angaben enthält Bild 44; es wurde ergänzt durch Angaben von N. Smith [93] aus heutiger Sicht. Mit den vereinzelten Abweichungen (vor allem in den Längenangaben) beider Verfasser setzt sich H. Fahlbusch auseinander [26]. Sie beruhen teilweise auf Streckenverkürzungen infolge Neuplanungen und Reparaturen nach dem Tode von S. I. Frontinus; andererseits ging S. I. Frontinus von den damals vorhandenen *cippi* („Kilometersteine") aus, die indessen nicht immer exakt den eigentlich üblichen Abstand von 200 Fuß hatten.

In Rom müssen am Ende des ersten Jahrhunderts n. Chr. etwa 700 000 Einwohner[1] mit Wasser versorgt werden. S. I. Frontinus führt regelrechte Standardmaße für Leitungsrohre ein und stellt eine Normtabelle für 25 verschiedene Durchmesser auf; hiervon sind allerdings nur 15 in Gebrauch. Durch Verwendung geeichter Düsen (aus Bronze, da Bleirohre sich dehnen können) kann die innerstädtische Wasserverteilung genau kontrolliert werden – auch als Voraussetzung für die Entrichtung des Wassergeldes. S. I. Frontinus errechnet den täglichen Wasserverbrauch und kommt zu der Zahl von 14 018 Quinarien (Querschnittsangabe) pro Tag [30]; in [29] werden daraus 560 720 m³ pro Tag abgeleitet. Dabei berücksichtigt S. I. Frontinus (aus Unkenntnis) nicht, daß die Durchflußmenge bei Freispiegel- und Druckleitungen verschieden ist. Der stets schwankende Verlust infolge undichter Leitungen und die Querschnittsverkleinerung durch Kalkablagerungen (Sinterschicht) werden ebenfalls vernachlässigt. Entsprechend der Untersuchung [2] an 14 römischen Wasserleitungen verkleinerten die Kalkablagerungen während der Gebrauchszeit die Durchflußquerschnitte im Mittel um etwa 50% (Maximalwert: um 88%).

Aus diesen und anderen Gründen liegen in der Literatur Schätzungen des täglichen Pro-Kopf-Verbrauchs in Rom zwischen etwa 150 und 2150 Litern vor[2]. Um zu realistischen Werten zu gelangen, werden die Werte in [29] und [30] um die erwähnten 50% vermindert; daraus ergibt sich ein täglicher Pro-Kopf-Verbrauch zwischen 370 und 450 Litern. Diese Zahlen entsprechen auch der Faustformel von 500 Litern in [25].

Ein Vergleich mit heutigen Zahlen ist naturgemäß problematisch; er zeigt, daß wir in der Bundesrepublik Deutschland unterhalb dieses Wertes liegen (Bild 45). Die Römer gehen allerdings verschwenderisch mit dem Wasser um. Eine Zählung um 400 n. Chr. ergibt eine stolze Bilanz für ihre Stadt: 11 Aquädukte, 11 Thermen, 856 Privatbäder und 1352 Tag und Nacht laufende Brunnen. Die Fontana di Trevi wird noch heute durch Teile einer antiken Wasserleitung gespeist.

---

[1] Diese Zahl hat A. v. Gerkan auf zwei Wegen unabhängig voneinander als Höchstwert ermittelt ([36]). Als Grund für Angaben anderer Verfasser (bis zu 1,8 Millionen Einwohnern; vgl. [12], [13] und [35]) vermutet er die überlieferte Vorstellung, daß zu einem Weltreich eben eine Millionenstadt gehören müsse.

[2] [21], [26], [35] u. a.

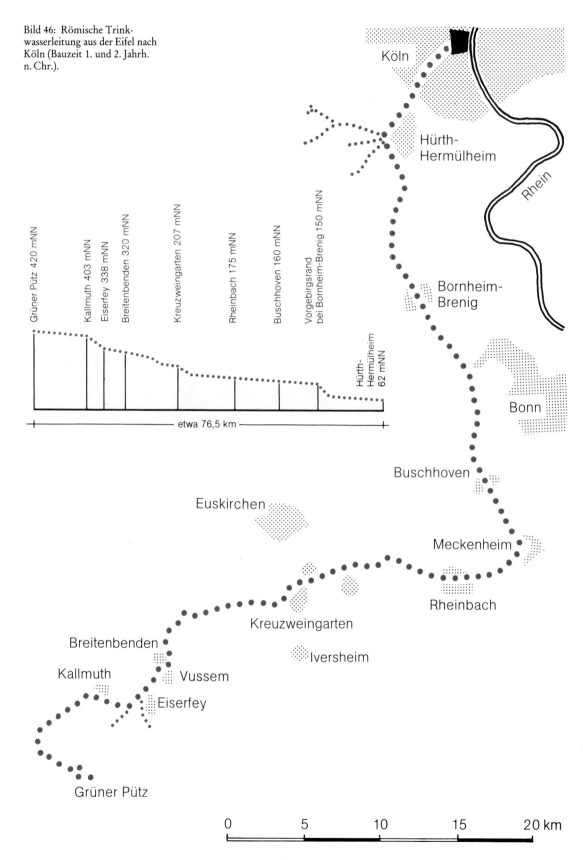

Bild 46: Römische Trinkwasserleitung aus der Eifel nach Köln (Bauzeit 1. und 2. Jahrh. n. Chr.).

Grüner Pütz 420 mNN

Kallmuth 403 mNN

Eiserfey 338 mNN

Breitenbenden 320 mNN

Kreuzweingarten 207 mNN

Rheinbach 175 mNN

Buschhoven 160 mNN

Vorgebirgsrand bei Bornheim-Brenig 150 mNN

Hürth-Hermülheim 62 mNN

etwa 76,5 km

Köln

Hürth-Hermülheim

Rhein

Bornheim-Brenig

Bonn

Buschhoven

Euskirchen

Meckenheim

Rheinbach

Kreuzweingarten

Iversheim

Breitenbenden

Kallmuth

Vussem

Eiserfey

Grüner Pütz

0   5   10   15   20 km

Auch die germanischen Provinzen können mit beachtlichen römischen Bauwerken dieser Art aufwarten. Die Stadt Köln erhält im zweiten Jahrhundert n. Chr. eine insgesamt rund 100 km lange Wasserleitung ([44] und Bild 46), nachdem die kürzeren Versorgungsstränge des ersten Jahrhunderts n. Chr. aus dem Vorgebirge (Proben 27/41 und 28/42) nicht mehr ausreichen. Man entscheidet sich jedoch nicht für zusätzliche Quellengebiete in der Nähe von Köln, sondern – wegen der besseren Wasserqualität – für weit entfernte Vorkommen in der West-Eifel (Bilder 47 und 48). Auch die neue Leitung (Proben 29/43 und 30) besteht in ihrem unteren Querschnittsteil meistens aus *opus caementitium* mit einem Innenputz (Mörtel mit Ziegelsplitt), den man mit einem Gewölbe aus vermörtelten Natursteinen (über einem Lehrgerüst betoniert) überdeckt. Der Querschnitt schwankt je nach Durchflußmenge (Bild 35), ist aber meistens so groß, daß ein Mann mindestens hindurchkriechen kann. Im Raum Köln hat die ältere Leitung eine lichte Höhe von etwa 1,70 m. Für die Kontrolle sind Einstiegschächte angeordnet (Bild 49); bei gefährlichen Geländeeinschnitten (Abfluß nach Sturzregen quer zur Leitung) untertunnelt man die Leitung (Bild 50). Täler werden beim Bau – wie bereits erwähnt – vielfach mit Hilfe von Brückenbauwerken überquert. Ein Beispiel ist der seit 1961 wieder aufgebaute Teil des Aquädukts bei Vussem/Eifel (Bild 51); das im zweiten Jahrhundert n. Chr. errichtete Bauwerk überquerte mit dreizehn bis zu 11 m hohen Bögen das 72 m breite Tal. Der längste Aquädukt der Eifelwasserleitung lag bei Meckenheim; er war rund 1400 m lang, bis zu 10 m hoch und wies fast 300 Pfeiler auf.

Bild 47: Eifel-Wasserleitung nach Köln, siehe Bild 46; „Grüner Pütz" bei Nettersheim/Eifel; die 80 m lange Sickerleitung ist als Quellfassung ausgebildet (Bauzeit 2. Jahrh. n. Chr.).

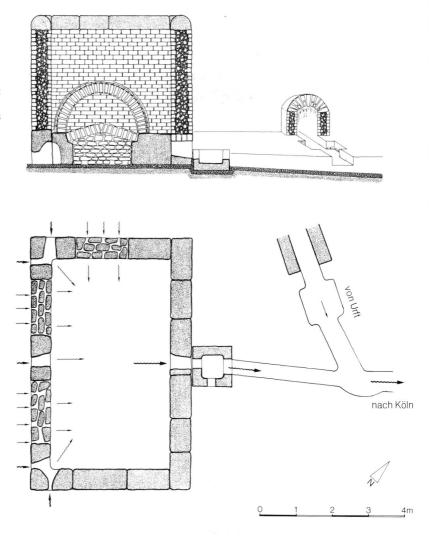

Bild 48: Eifel-Wasserleitung
nach Köln, siehe Bild 46;
Brunnenstube bei
Kallmuth/Eifel; durch die
durchlässig konstruierte
Beckenbegrenzung sickert das
Wasser in das Becken und fließt
von hier mit der von Urft
kommenden Leitung nach Köln
(Bauzeit 2. Jahrh. n. Chr.).

von Urft

nach Köln

0   1   2   3   4m

Bild 49: Eifel-Wasserleitung
nach Köln; freigelegter
Abschnitt mit Einstiegsschacht
bei Breitenbenden/Eifel
(Probe 29/43; Bauzeit
2. Jahrh. n. Chr.).

Bild 50: Eifel-Wasserleitung
nach Köln; die quer zum Bild
verlaufende Leitung (oben)
wurde in einem Gelände-
einschnitt bei Dalbenden/Eifel
durch einen Stollen
rechtwinklig untertunnelt,
damit bei Sturzregen das
Wasser gefahrlos abfließen
konnte (Bauzeit 2. Jahrh.
n. Chr.).

Bild 51: Eifel-Wasserleitung
nach Köln; Rekonstruktion
eines Teils des Aquädukts bei
Vussem/Eifel; der Aquädukt
überquerte mit 13 bis zu 11 m
hohen Bögen das 72 m breite
Tal (Bauzeit 2. Jahrh. n. Chr.).

Bild 52: Eifel-Wasserleitung
nach Köln; Ausstellungsstück
in Köln, neben dem
Wallraf-Richartz-Museum;
1930 in Efferen/Eifel
ausgegraben; lichte Höhe etwa
1,40 m (Bauzeit 1. Hälfte
1. Jahrh. n. Chr.).

Bild 53: Reste eines Aquädukts in Mainz („Römersteine" im Zahlbachtal); von den ursprünglich bis zu 23 m hohen Pfeilern aus *opus caementitium* stehen heute noch etwa 10 m hohe Reste (Bauzeit 2. Hälfte 1. Jahrh. n. Chr.).

Spätestens im fünften Jahrhundert gerät die Eifel-Leitung außer Betrieb und wird in den folgenden Jahrhunderten zu einem beliebten „Steinbruch" für die Umgebung. KARL D. GR. schließt mit der Stadt Köln sogar einen Vertrag über den Abbruch, und in vielen Burgen, Klöstern und Häusern kann man heute die Reste der Leitung wiederfinden. Besichtigungsstücke dieses Bauwerks stehen in 19 Ortschaften wie z. B. Aachen, Andernach, Bonn, Darmstadt, Essen, Köln (Bild 52) und Xanten [42].

In späteren Jahrhunderten konnte man nicht verstehen, daß ein so aufwendiges Bauwerk „nur" für die Trinkwasserversorgung errichtet worden sein sollte. Es entstanden wundersame Geschichten über den „Römer-Kanal": So soll er als Pipeline für Moselweine nach Köln oder als Schnellpost mit Wasservögeln von Trier nach Köln gedient haben.

Erwähnenswert sind aber auch zwei andere Wasserleitungen: die Trierer hatte eine Länge von etwa 13 km (ein rund 10 m langes Stück ist heute noch als Durchlaß in Betrieb) und kommt aus dem Tal der Ruwer. Mainz wird in der zweiten Hälfte des ersten Jahrhunderts n. Chr. (vermutlich unter VESPASIAN) durch eine etwa 5 km lange Leitung versorgt, deren letzter Abschnitt das Zahlbachtal am Stadtrand als Aquädukt mit Pfeilerhöhen bis zu 23 m Höhe überwindet. Von der ursprünglichen Bogenkonstruktion stehen nur noch die stark beschädigten und heute etwa 10 m hohen Pfeilerreste („Römer-Steine") aus *opus caementitium* (Bild 53).

Bild 54: Aquädukt-Reste der
Druckwasserleitung aus Stein-
rohren nach Aspendos/Türkei
(Bauzeit 2. Jahrh. n. Chr.).

Bild 55: Rampenbauwerk der
Druckwasserleitung nach
Aspendos/Türkei; an den zwei
Knickpunkten der Druck-
leitung wurde je ein etwa 30 m
hohes Bauwerk mit einem oben
offenen Behälter für den
Ausgleich des sonst gefährlichen
Wasserdruckes errichtet.

Bild 56: Wasserkanal in der
Mitte der 20 m breiten
Kolonnaden-Straße in
Perge/Türkei (Bauzeit 2. Jahrh.
v. Chr.).

Bild 57: Wasserkanal in einer
Hauptstraße des modernen
Antalya/Türkei; dadurch
gedeihen z. B. Palmen,
die auch bei der Sommerhitze
Schatten und Kühle spenden.

Bei Planungen von Wasserleitungen durch ein Tal untersuchen die römischen Baumeister gemäß Vitruv zunächst die drei Alternativen: Umgehungsschleife, Aquädukt und Druckleitung. Die Wirtschaftlichkeit gibt dann den Ausschlag. Taltiefen bis zu etwa 50 m überwindet man i. a. durch einen Aquädukt; tiefere Täler durch eine Druckleitung, wie z.B. bei Lyon/Frankreich, Laodikeia/Westtürkei und Aspendos/Südtürkei.

Die antike Stadt Aspendos erhält ihr Trinkwasser über eine im Grundriß zweimal geknickte Druckleitung aus Steinrohren (Bild 54). Jeweils an den Knickpunkten werden zwei etwa 30 m hohe massive Rampenbauwerke errichtet, die einen oben offenen Behälter für den Druckausgleich des Wassers tragen. Den römischen Baumeistern war – sicher aus leidvoller Erfahrung – bekannt, daß bei Druckleitungen besonders an Knickpunkten leicht Brüche auftreten. Die riesigen Ruinen der Rampenbauwerke bei Aspendos (Bild 55) bilden auch heute noch ein eindrucksvolles Beispiel römischer Wasserbaukunst.

Nicht weit entfernt von Aspendos liegen die Ruinen der antiken Stadt Perge. Als Prunkstück gilt die mehrere hundert Meter lange Kolonnaden-Straße (Bild 56). Sie ist rund 20 Meter breit, war von Säulen eingerahmt und enthielt in der Mitte einen etwa 2 Meter breiten (künstlichen) Wassergraben. Er begann in einem Nymphäum und spendete auch in den fast tropischen Sommermonaten Wasser und Kühle. Die nahegelegene moderne Stadt Antalya hat diese Tradition übrigens aufgegriffen: die beiden Richtungsfahrbahnen der Hauptstraße werden heute ebenfalls durch einen Kanal getrennt, an dessen Rändern Palmen gedeihen und für Schatten und ein südlichfarbenfrohes Aussehen sorgen (Bild 57).

ZISTERNEN

Becken und Vorratsbehälter für Brauch- und Trinkwasser sind seit altersher bekannt. Die zahllosen noch heute vorhandenen Zisternen aus römischer Zeit (Bild 58) weisen Rauminhalte bis zu etwa 100 000 m³ auf. Sie liegen häufig verdeckt unter der Erdoberfläche; wir kennen aber auch oben offene Anlagen (Bilder 60 und 61).

Vitruv gibt ausführliche Anweisungen für den Zisternenbau. Für die Bauausführung dieser Konstruktionen, die immer mit einem Innenputz versehen werden, fordert er einwandfreies Baumaterial und eine besonders sorgfältige Verdichtungsarbeit. Gute Einblicke in eine typische Konstruktion gibt die antike Zisterne auf der Kadifekale von Izmir (Bild 59).

Bei der Anlage mehrerer Zisternen hintereinander (Bild 62) kann das Wasser durch Filter hindurch von einem Behälter in den anderen geleitet werden und gewinnt dadurch wesentlich an Reinheit.

Bild 58: Wasserspeicher
(Zisterne) in einem
antiken Privathaus in
Karthago/Tunesien.

Bild 59: Zisterne für die
Wasserversorgung des
römischen Izmir/Türkei auf
der Kadifekale (Berg am
Stadtrand); in den Pfeilern sind
Löcher für die Schalungsbalken
der Deckenkonstruktionen zu
erkennen; Pfeiler und Decke
bestehen aus *opus caementitium*
(Bauzeit 2. Jahrh. n. Chr.).

Bild 60: Fildami-Zisterne
(„House of elefants") am
Stadtrand von Istanbul/Türkei;
das oben offene Bauwerk mit
11 m hohen Mauern aus
opus caementitium hat eine
Grundfläche von 127×76 m,
faßte also etwa 100 000 m³
Wasser (Bauzeit 5. Jahrh.
n. Chr.).

Bild 61: Fildami-Zisterne
Istanbul/Türkei; die Mauer ist
zur Erhöhung der Stabilität
bogenförmig ausgebildet und
zeigt eine Schale aus *opus
mixtum* mit Putz (nur noch
vereinzelt zu erkennen).

Bild 62: Zisterne aus vier Kammern mit Zwischenwänden (vermutlich für Filter) in Ampurias/Spanien; die Behälter trugen eine gewölbte Decke (Bauzeit 2./1. Jahrh. v. Chr.).

BAU VON ZISTERNEN

Bei der Herstellung . . . muß man folgendermaßen verfahren: Man beschaffe zunächst sehr reinen und scharfen Sand. Dann stelle man durch Zerschlagen von Kieseln Bruchsteine her, die nicht mehr als ein Pfund wiegen. In der Mörteltruhe wird möglichst fetter Kalk gemischt, so daß fünf Teile Sand auf zwei Teile Kalk kommen. Die Grabensohle stampfe man mit eisenbeschlagenen Holzstößeln zu einer waagerechten Ebene fest. . . . Werden zwei oder drei Zisternen hintereinander angelegt, so daß sie durch Durchsickern das Wasser auswechseln können, ist dieses zum Genuß und für die Gesundheit zuträglicher und angenehmer.

VITRUV

Bild 63: Zisternen-Komplex der TIBERIUS-Residenz („Villa Jovis") auf Capri; der Speicher-Bereich umfaßte vier Großbehälter von etwa 28×6,5 m Grundfläche (oben rechts) und zahlreiche kleinere Becken (Bauzeit 1. Hälfte 1. Jahrh. n. Chr.).

Neben den Zisternen für den Privatbedarf, die sich in allen Teilen des Imperiums finden, verdienen die Großbauten dieser Art (Bild 63) eine besondere Beachtung. Die „Piscina Mirabilis" in Misenum bei Pozzuoli bildet ein eindrucksvolles Beispiel, zumal sie noch völlig erhalten ist (Bild 64). Man speicherte dort das Wasser für die in Misenum stationierte Flotte. In den Tuffboden wird ein etwa 15 m tiefes Becken von etwa 70×25 m gegraben und mit Gewölbedecken versehen. 48 Pfeiler von quadratischem Grundriß tragen die Decke und unterteilen das Bauwerk in 5 Längs- und 13 Querschiffe. Das mittlere Querschiff liegt 1,10 m tiefer und dient als Klär- und Ablaufbecken bei der Reinigung. Pfeiler und Decke bestehen aus *opus caementitium,* z. T. mit Reticulat-Verkleidung; Wände und Pfeiler tragen einen wasserundurchlässigen Putz. Die „Piscina Mirabilis" hat ein Fassungsvermögen von rund 12 600 m³ und wird durch eine Wasserleitung von etwa 3 m Breite und 3,50 m Höhe gespeist.

Bild 64: Zisterne „Piscina Mirabilis" in Misenum bei Neapel; das noch fast völlig erhaltene Speicherbecken von 70×25 m Fläche wurde etwa 15 m tief in den Tuffboden eingegraben und mit einer Decke auf 48 Pfeilern überzogen; der Behälter aus römischem Beton ist sorgfältig verputzt und faßte 12 600 m³ Wasser (Bauzeit 2. Hälfte 1. Jahrh. v. Chr.).

WASSERUNDURCHLÄSSIGER GROSSBEHÄLTER

(Im Bereich der römischen Hafeninsel des antiken Köln wurde 1975 ein rechteckiges Wasserbecken von etwa 34×17 m und 1,70 m Höhe freigelegt)

Der Erhaltungszustand des Beckens ließ eine genaue Beobachtung der Bautechnik zu: Die Baugrube ist in den Sand und den Auelehm der Insel eingegraben; die Erdwände sind senkrecht abgestochen. Anschließend wird die Bodenfläche mit Grauwackebruchsteinen 0,15 m hoch ausgelegt. Nach der Errichtung einer einseitigen umlaufenden Schalwand im Abstand von ca. 0,50 m vor den Erdwänden wird in die Zwischenräume opus caementitium (römischer Beton) in einem Arbeitsgang bis zu einer Höhe von ca. 1,20 m gegossen, nach dem Abbinden des Betons die Verschalung herausgenommen. Dann erfolgt über der Bruchsteinlage der Guß der Bodenplatte in einer Stärke von 0,20 m. In einem weiteren Arbeitsgang werden nun vor die Seitenwände Mauern aus schweren Tuffwerkblöcken in einer Breite bis zu 0,50 m vorgeblendet. Die Werksteine waren nahezu fugenlos versetzt und mit Mörtel gebunden. Der Mörtel enthielt einen hohen Prozentsatz Ziegelmehl und Ziegelsplitt als Zuschlagstoff, um – römischer Bauvorschrift gemäß – eine höhere Abdichtung zu erreichen, gleichzeitig erlaubte dieses Verfahren ein schnelleres Abbinden des Betons. Der Ausgleich der Unebenheiten der Bodenplatte erfolgt mit Ziegelmehlmörtel, und die ganze innere Fläche wird mit bis zu 0,15 m dicken Tuffplatten ausgelegt.

So entstand ein Betonkasten, der vollständig mit Naturstein ausgekleidet war. Die Dichte des Betons und der sorgfältige Versatz der Werksteine garantierten einen nahezu wasserundurchlässigen Behälterbau.

H. HELLENKEMPER

TALSPERREN

Wenig bekannt sind römische Talsperren, obwohl ihre Zahl in die Hunderte ging [91]. Eine Talsperre oder ein Staudamm speichert Wasser in Zeiten des Überflusses und gibt es bei Dürre wieder ab.

Die römischen Talsperren werden fast ausschließlich als „Gewichtsstaumauern" (der Wasserdruck wird durch das Gewicht der Mauer oder genauer: die Reibung der Mauer auf dem Untergrund aufgenommen) ausgeführt; es sind aber auch Anfänge der „Bogenstaumauer" bekannt (Sperre Esparragalejo bei Merida/Spanien, Bild 65; Vallon de Baume/Provence/Frankreich u. a.), bei der der Wasserdruck auf die Talflanken abgeleitet wird. Neben reinen Erddämmen und reinen Betonkonstruktionen sind meistens kombinierte Bauweisen aus Erde sowie Stein oder Beton üblich. Die Römer konnten übrigens bei den Talsperren – im Gegensatz zu fast allen anderen Wasserbauten – nicht auf die Erfahrungen der Etrusker oder Griechen zurückgreifen.

Römische Talsperren enthalten – wie auch heute üblich – im allgemeinen einen oder mehrere Wasserentnahmetürme neben der Mauer und in der Mauerbasis einen Grundablaß. Zahlreiche Talsperren werden in Spanien, Nordafrika und Vorderasien errichtet.

Bild 65: Römische Talsperre Esparragalejo bei Merida/Spanien; die Luftseite des restaurierten Bauwerks wurde bereits in der Antike zwischen den Pfeilern konkav ausgebildet – ein erster Schritt in Richtung auf Vielfachbogenmauern (Bauzeit 2. Jahrh. n. Chr.).

Bild 66: Rest des Alcantarilla-Dammes bei Toledo/Spanien; der Erddamm stützte sich wasserseitig gegen eine Mauer aus *opus caementitium* ab; bei leerem Speicherbecken verschob der Erddamm – bereits in der Antike – die Mauer und zerstörte sie dabei (Bauzeit 2. Jahrh. n. Chr.).

Bedeutende Bauwerke sind die Sperren Proserpina und Cornalvo bei Merida/ Spanien. Sie bilden die Ausgangspunkte zweier Wasserleitungen von 12 und 25 km Länge und entstanden vermutlich unter Trajan. Beide Bauwerke dienen noch heute der lokalen Feldbewässerung. Der Cornalvo-Damm weist eine größte Höhe von 15 m und eine Kronenlänge von 194 m auf; die Maße des Proserpina-Dammes liegen bei 12 m und 427 m. Ein anderer bedeutender Damm aus dem zweiten Jahrhundert n. Chr. – der Alcantarilla Damm – liegt bei Toledo. Seine Maße betragen 14 m und 550 m. Dieser Erddamm stützte sich wasserseitig gegen eine Mauer aus *opus caementitium*. Bei leerem Speicherbecken wurde – bereits in der Antike – der Erddruck jedoch eines Tages so groß, daß die Mauer verschoben und dadurch zerstört wurde (Bild 66).

92

ABWASSERANLAGEN

Viel Wasser bedeutet viel Abwasser. Auch auf diesem – besonders in heißen Zonen „anrüchigen" – Gebiet haben die Römer Maßstäbe gesetzt.

Die bekannte Cloaca Maxima in Rom geht in ihren Anfängen auf König TARQUINIUS PRISCUS zurück (um 500 v. Chr.), als die systematische Entwässerung der sumpfigen Niederungen zwischen den sieben Hügeln beginnt. Der ursprünglich offene Kanal zeigt in seinem Grundriß noch deutlich den Verlauf eines Baches (Bild 67) und wird nach und nach überbaut. Im Verlaufe der Jahrhunderte kommen Erweiterungen, Reparaturen und sonstige Veränderungen hinzu. Zur Kaiserzeit können die Kanalinspekteure ihre Arbeiten bereits mit einem Kahn verrichten: Die Abmessungen der Cloaca Maxima gehen nämlich bis zu mehr als 3 m Breite und mehr als 4 m Höhe (Bilder 68 bis 71). In den ersten Jahrhunderten verwenden die Römer zum Bauen große Natursteinquader (Tuff, Kalkstein und für den Boden Lava), später kommen Ziegel und vor allem *opus caementitium* hinzu. Heute kann der Reisende noch die Ausmündung der Cloaca Maxima in den Tiber – neben der Ponte Palatino – besichtigen; außerdem einen berühmt gewordenen Abflußdeckel: die Bocca della Verità, als Mund der Wahrheit bekannt. Die Cloaca Maxima hat ohne Zweifel erhebliche Aufwendungen an Arbeitskraft und Baumaterial gefordert. Bei einer Kosten-Nutzen-Analyse im heutigen Sinne würde man im übrigen feststellen, daß es sich um eines der rentabelsten Ingenieurbauwerke der Menschheitsgeschichte handelt; außerdem war es eine hygienische Großtat.

Abwasseranlagen sind aus vielen anderen Städten bekannt. In Köln hat man z. B. drei der bisher nachgewiesenen zehn Hauptsammler teilweise freigelegt; einen aus Tuffblöcken (Bild 72) und zwei aus *opus caementitium* mit einer Schale aus Grauwacke; die Gesamtbreite geht bis zu 3,85 m, die lichte Breite bis rund 1,50 m und die lichte Höhe bis 2,45 m. Sie ziehen in östlicher Richtung zum Rhein und verlaufen unter den alten Straßenzügen, die sie gleich-

---

BAU EINES ABWASSERKANALS

(Bei Grabungen in Lorch bei Enns/Österreich stieß man auf mehrere Abwasserkanäle, die um 240 n. Chr. gebaut wurden. Einer wird näher beschrieben:)

Es handelt sich um einen 0,6 m breiten und 0,7 m hohen Kanal, der aus Mörtelguß errichtet worden ist. Der Vorgang bei der Konstruktion war an den erhaltenen Resten noch gut zu erkennen. Über ein Lehrgerüst, das der inneren Lichte entsprach, wurde der Guß in einzelnen Partien ausgeführt. Nach der Festigung wurde dann die Außen- und Innenform entfernt und das nächste Stück gegossen. An den Nahtstellen wurden die Fugen mit Mörtel verschmiert.

H. VETTERS

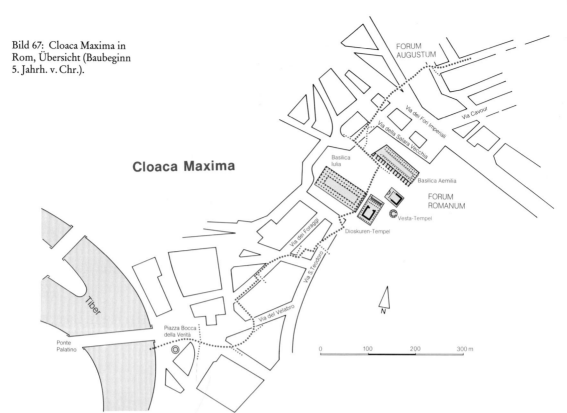

Bild 67: Cloaca Maxima in Rom, Übersicht (Baubeginn 5. Jahrh. v. Chr.).

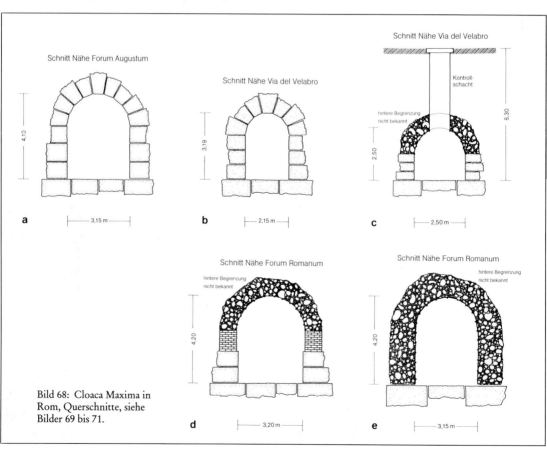

Bild 68: Cloaca Maxima in Rom, Querschnitte, siehe Bilder 69 bis 71.

Bild 69: Cloaca Maxima in Rom, behauene Quader, siehe Bild 68 a.

Bild 70: Cloaca Maxima in Rom, behauene Quader, Ziegel und *opus caementitium,* siehe Bild 68 d.

Bild 71: Cloaca Maxima in Rom, *opus caementitium,* siehe Bild 68 e.

zeitig entwässern. Große Abwasserkanäle in Massivbauweise sind auch im Stadtgebiet von Trier mehrfach angeschnitten worden (Bild 73).

H. VETTERS berichtet in [102] über die Grabungen in Lorch bei Enns/Österreich. Dabei stieß man auch auf mehrere Abwasserkanäle (Bauzeit etwa 240 n. Chr.). Einer wird näher erläutert (S. 93): Der Kanal von etwa 0,60 m Breite und etwa 0,70 m Höhe aus *opus caementitium* wurde abschnittsweise mit Hilfe eines Lehrgerüsts betoniert.

Erhebliche Abwassermengen fallen nicht nur durch die Laufbrunnen, sondern auch durch die zahlreichen öffentlichen und privaten Thermen und Abortanlagen an. Römische Häuser verfügen im allgemeinen über Abwasserleitungen (Bilder 74 und 75) und nicht selten über Toiletten – oft in einem

Bild 72: Abwasser-Hauptsammler unter der Kleinen Budengasse in Köln; lichte Höhe bis 2,50 m, lichte Breite etwa 1,20 m; innere Schicht aus überwiegend unvermörtelten Tuffblöcken, äußere Schicht aus *opus caementitium* (Bauzeit 1. Jahrh. n. Chr.).

Seitengelaß der Küche. In vielen Städten bestehen außerdem große und sehr komfortabel angelegte öffentliche Aborte (Bild 76). Man sitzt nebeneinander auf Marmorbänken, unter denen eine Dauerspülung läuft. In dem senkrechten Teil der Bänke finden wir vorn ebenfalls Öffnungen, deren Funktion sich durch das Fehlen von Toilettenpapier und durch eine vor der Sitzreihe verlaufende Spülwasserrinne erklären läßt. In Ostia grenzen zwei derartige Anlagen an das Forum und in Timgad/Nordafrika weist ein 25-Personen-Etablissement sogar Armlehnen aus Marmor auf, die als Delphine geformt sind. Als man im vorigen Jahrhundert in Pozzuoli das *macellum* (eine aufwendig gestaltete Markthalle, fälschlich als Serapis-Tempel bezeichnet) ausgräbt, hält man die Abortanlage zunächst für einen Tempelbereich. Heute wundern wir uns über diese „Großraum-Anlagen"(Bild 76), da es offenbar eine menschliche Eigenschaft ist, sich selbst und seine Zeit als Maßstab zu betrachten.

Bild 73: Entwässerungskanal unter dem Forum in Trier; an der Decke sind Schalbrett-Abdrücke zu erkennen (Bauzeit 1. Jahrh. n. Chr.).

Bild 74: Abwasser-Leitung aus
Tonrohren in Ephesus/Türkei
mit Falzen für die Rohrstöße
(Bauzeit 2. Jahrh. n. Chr.).

Bild 75: Abwasser-Leitung aus
Tonrohren in Pompeji/Italien
mit Falzen für die Rohrstöße
(Bauzeit 1. Jahrh. n. Chr.).

Die Römer dachten in diesen „menschlichen" Fragen offenbar anders als
wir. In Pompeji hat man an einer Gassenecke einen halbdurchschnittenen
Krug gefunden, in dem die angrenzende Tuchwalkerei Urin der Straßen-
passanten für ihre Fabrikation sammelte. Die freie und etwas salonfähig
abgewandelte Übersetzung einer Wand-Inschrift in einem anderen Bezirk
Pompejis lautet dagegen: „Wenn du schon dein Geschäft auf der Straße verrichten willst, dann bitte nicht hier, sondern vorm Nachbarhaus" (Bild 78).
Im Zusammenhang mit der Besteuerung öffentlicher Aborte soll Vespasian
an seinen Sohn Titus auf dessen Vorwürfe hin das geflügelte Wort geprägt
haben: *Non olet* (= Es – das Geld – stinkt nicht).

Bild 76: Öffentliche Abort-Anlage neben den Forum-Thermen in Ostia/Italien; unter und vor den 20 Sitzplätzen lief eine Dauerspülung (Bauzeit 1. Jahrh. n. Chr.).

Bild 77: Fresko der „Sieben Weisen" in einer Thermenhalle in Ostia/Italien; die griechischen Philosophen sitzen nebeneinander in einer Abortanlage; Wandsprüche weisen auf die wichtige Abhängigkeit zwischen Verdauung, Wohlbefinden und schöpferischen Gedanken hin.

Bild 78: Wand-Inschrift in Pompeji/Italien; frei übersetzt lautet sie: „Wenn Du schon Dein Geschäft auf der Straße verrichten willst, dann bitte nicht hier, sondern vorm Nachbarhaus".

Bild 79: Abflußöffnung an der
Kreuzung zweier Hauptstraßen
in Pompeji/Italien.

Bild 80: Abflußöffnung in einer
Straße in Pompeji/Italien.

Zu den meisten römischen Straßen gehört eine wirkungsvolle Entwässerung. Staatsstraßen haben einen gewölbten Querschnitt mit seitlichem Rand für den störungsfreien Abfluß. In vielen Stadtstraßen wird das Wasser in bestimmen Abständen durch Abflußöffnungen in die unterirdischen Sammler aufgenommen (Bilder 79 und 80).

Mit dem Untergang des römischen Reiches verschwinden diese Kenntnisse für lange Zeit aus dem Bewußtsein. Es ist sicher bemerkenswert, daß eine königlich-britische Kommission nach einer Besichtigung der alten Abort- und Entwässerungsanlagen in Rom noch im Jahre 1842 diese für hygienischer als die modernen in Großbritannen hält. Und: Das heutige Köln bekommt erst am Ende des 19. Jahrhunderts wieder fließendes Wasser und ein Abwassernetz.

THERMEN

Ein Bauwerkstyp, der vor und nach den Römern niemals die gleiche Bedeutung erlangt hat, sind die Thermen ([10] sowie Bilder 81 und 82). Von den Griechen gelangt der Begriff (*thermos* = warm) etwa 300 v. Chr. nach Italien und bedeutet zunächst nur ein Bad für die körperliche Reinigung.

Thermen werden in den folgenden Jahrhunderten ein typischer Bestandteil des öffentlichen Lebens. Man badet dort nicht nur, sondern kann sich vielfältig in Bibliotheken, Wandelhallen, Unterhaltungsräumen, Läden, Gaststätten und Turnsälen aufhalten; Schwitzbäder, Massagekabinen und medizinische Einrichtungen gehören ebenfalls dazu. Für diese „Paläste der Bürgerschaft" entwickeln die Baumeister eigene Konstruktionsverfahren; prunkvolle Fassaden mit Kunstwerken sowie gewaltige Gewölbebauten geben den äußeren Rahmen (siehe auch Abschnitt Hallen- und Rundbauten). Oft ist ein ebenso großzügig angelegter Sportplatz *(palaestra)* mit Badebecken angeschlossen, der den jungen Männern Gelegenheit zu der hoch angesehenen sportlichen Betätigung gibt. So ersetzen die Thermen gewissermaßen das Club- und Kaffeehaus-Leben unserer Tage und bilden ein vielbesuchtes Kommunikationszentrum.

Da man neben den nach Geschlechtern getrennten auch „gemischte" Thermen kennt und außerdem zahlreiche private Bäder existieren, ist die Sittengeschichte jener Zeit nicht in allen Teilen als Lehrstoff für den Geschichtsunterricht einer Sexta geeignet. Andererseits müssen sicherlich viele Schilderungen über „Orgien im Alten Rom" in das Reich der Legende verwiesen werden.

Die Konstruktion einer Thermenanlage ist so ausgelegt, daß sie auch den vielfältigen Temperatur-Anforderungen – heiße und kalte Luft, heißes und kaltes Wasser, heißer Dampf – entspricht. Sie enthält im wesentlichen folgende Einrichtungen: Aus- und Ankleideraum *(apodyterium)*, Warmluft-

Bild 81: Thermenanlage in der HADRIANS-Villa (Kaiserliche Residenz) in Tivoli/Italien (Bauzeit Anfang 2. Jahrh. n. Chr.).

raum *(tepidarium)*, Raum für warme und heiße Bäder *(caldarium,* auch *calidarium)*, Raum für kalte Bäder *(frigidarium)*, Sportplatz *(palaestra)*. In einigen Thermen kommen Schwitzbäder *(sudatio;* ein Schwitzbad in einem stark beheizten Kuppelraum wurde *laconium* genannt) oder Schwimmbecken *(natatio)* im Freien dazu.

Pompeji gibt einen interessanten Anschauungsunterricht für die Entwicklung der Thermen. Die Stabianer Thermen werden im zweiten Jahrhundert v. Chr. begonnen und mehrfach umgebaut. Um 70 v. Chr. errichtet man die Forum-Thermen (Bild 83), die fast völlig erhalten sind und wohl die ältesten überwölbten Räume aus *opus caementitium* enthalten, die wir kennen. Ihnen folgen um 70 n. Chr. die Zentral-Thermen; sie werden nicht mehr vollendet. Die drei Thermen liegen verkehrsgünstig und sind gleichmäßig über das Stadtzentrum verteilt. Ihr hohes Alter und ihr fast unbeschädigter Zustand machen ihren besonderen Wert aus.

Welche Bedeutung im Wettbewerb um die Gunst des Volkes die Thermen für die Obrigkeit haben, zeigt eine riesige Brunnenschale aus Alabaster, die in den Forum-Thermen steht (Bild 83); auf einem Bronzeschild kann man nachlesen, daß dieser Brunnen von den *duumviri* (Bürgermeister) C.M. APER und M.S. RUFUS gestiftet wurde und 5240 Sesterzen gekostet hat. Es sei aber

102

Bild 82: Thermen des
ANTONINUS PIUS in Karthago/
Tunesien; große Bereiche
bestehen aus *opus caementitium;*
für besonders beanspruchte
Bauteile verwendete man
Steinquader (Bauzeit Mitte
2. Jahrh. n. Chr.).

Bild 83: Warmbadraum
(*caldarium*) der Forum-
Thermen in Pompeji/Italien;
ältestes noch erhaltenes
Gewölbe aus *opus caementitium*
(Bauzeit um 70 v. Chr.);
Fußboden und Wände waren
beheizt; die Brunnenschale aus
Alabaster ist gemäß Inschrift
eine Stiftung zweier Politiker
und kostete 5240 Sesterzen.

Bild 84: Der „MERKUR-Tempel" (Kuppelgebäude einer Therme) in Baiae bei Neapel weist die gleichen Proportionen auf wie das Pantheon in Rom: Das Innere besteht aus einer Kugel, deren untere Hälfte durch einen Zylinder ersetzt ist; Kuppelhöhe und Durchmesser betragen etwa 21,50 m (Bauzeit Mitte 1. Jahrh. v. Chr.).

angemerkt, daß in jener Zeit ein öffentliches Amt die Verpflichtung zu Stiftungen einschloß.

Eine Zusammenballung von Thermen und sonstigen Badeeinrichtungen ist in der antiken Stadt Baiae anzutreffen. Dieser Ort liegt in reizvoller Umgebung am Ufer des Golfs von Pozzuoli und zeichnet sich durch eine Vielzahl heißer Quellen, Mineralwässer und heißer Gase (Fumarolen) aus. Baiae wird zu einem bedeutenden Kurbad für das Imperium. Die Ausgrabungen haben bis heute erst einen relativ kleinen Bereich freilegen können. Der untere Teil der Stadt verschwand durch Küstensenkung ohnehin bis zu 4 m unter den Meeresspiegel. Bisher wurden vier Hauptthermen bekannt; zu zweien davon gehörten der sogenannte MERKUR-Tempel und der DIANA-Tempel. Die Bezeichnung Tempel ist irreführend, denn bei beiden Anlagen handelt es sich um große Kuppelhallen für Schwimm- oder Schwitzbäder, wie man heute weiß.

Der „MERKUR-Tempel" (Bild 84) besteht aus einem fast völlig erhaltenen Rundbau mit einem halbkugelförmigen Dach. Die Höhe der zylindrischen senkrechten Wände entspricht dem halben Durchmesser der Halbkugel von

WARUM HABEN RÖMISCHE KUPPELBAUTEN OBEN EINE ÖFFNUNG?

In der halbkugelförmigen Wölbung soll in der Mitte eine Lichtöffnung gelassen werden. Aus ihr hängt an Ketten eine Metallscheibe herab, durch deren Emporziehen und Herablassen die Temperatur des Schwitzbades geregelt wird (die meisten Kuppelbauten waren Schwitzbäder).

VITRUV

rund 21,50 m. Die Kuppel weist oben eine kreisrunde Öffnung auf. Das Bauwerk wurde etwa Mitte des ersten Jahrhunderts v. Chr. errichtet, besteht aus *opus caementitium* und ist von der Konstruktion her ein Vorläufer des Pantheon.

Vom „DIANA-Tempel" steht nur noch die östliche Hälfte; auch dieser Bau hatte eine freitragende Kuppel (Durchmesser etwa 29,50 m). Da das Gebäude durch Verfall gewissermaßen senkrecht aufgeschnitten wurde, kann man heute den Aufbau wie an einem Modell betrachten. Die gewaltigen Rundmauern, die den Horizontalschub der Kuppel aufzunehmen hatten, sind deutlich zu erkennen, und das *opus caementitium* der Kuppel mit verschieden schweren Zuschlägen (von unten nach oben: Ziegel, größere Tuffsteine, kleinere Tuffsteine) tritt ebenfalls offen zutage. Die Dicke der Kuppel nimmt nach oben hin ab und beträgt in der Nähe der kreisrunden Öffnung etwa 1,20 m. Die gesamte Oberfläche ist mit einer etwa 10 cm dicken Mörtelschicht überzogen.

In der HADRIANS-Villa in Tivoli kann der Interessierte ein ähnlich eindrucksvolles „Modell" besichtigen. Diese kaiserliche Residenz enthält Nachbildungen und Varianten von Bauwerken aus aller Welt, die HADRIAN auf seinen Reisen durch das Imperium besonders beeindruckt hatten. Neben den Resten großer Bibliotheksbauten, Theater, Tempel und Wasserbecken stehen die zum Teil gut erhaltenen Thermenanlagen. Zu ihnen gehört jener

Bild 85: Durch Verfall halbierter Kuppelbau der Thermen in der HADRIANS-Villa in Tivoli/Italien; das „Schnittbild" läßt die Bauwerks-Struktur erkennen; Kuppelhöhe und Durchmesser betragen fast 30 m (Bauzeit Anfang 2. Jahrh. n. Chr.).

durch Verfall fast exakt halbierte Kuppelbau, der ebenfalls einen vorzüglichen Einblick in die Konstruktion gibt (Bild 85).

C. I. Caesar (lebte 100 bis 44 v. Chr.), M. T. Cicero (lebte 106 bis 43 v. Chr.) und Cn. Pompeius M. (lebte 106 bis 48 v. Chr.) besitzen im Raume Baiae prunkvolle Villen, und zahlreiche Adlige sowie die Finanzaristokratie – aber auch Glücksritter und Hochstapler – siedeln sich hier an. Das sich lebhaft entwickelnde Luxusleben gibt wiederum hinreichend Nahrung für Klatschberichte und energische Proteste. Eine der dunkelsten Geschichten dieses an Skandalen nicht eben armen Gestades ist die Ermordung Agrippinas d. J. auf Geheiß ihres Sohnes Nero.

Berühmt ist die in dem nahegelegenen Lucriner See betriebene Fisch- und Austernzucht. Allein für das Festessen im Anschluß an den Triumphzug des Caesar sollen von dort 6000 Muränen geliefert worden sein, die man als Delikatesse besonders schätzt. Antonia, die Frau des Drusus (Stiefsohn des Augustus) soll eine Muräne mit goldenen Ohrringen geschmückt haben, und dem Kaiser Vespasian sagte man nach, er habe Fische gezähmt, so daß sie auf Zuruf herbeikamen.

Die Fisch- und Austernzucht des Gebietes ist aber nicht nur aus kulinarischen Gründen von hervorragender Bedeutung; ihr verdanken die Römer außerdem der Überlieferung nach die Erfindung der Fußbodenheizung (Hypokaust-Heizung), die eine wichtige Voraussetzung für den Thermenbau wird (Bild 86). Ein einfallsreicher Geschäftsmann namens C. Sergius Orata (er lebte Mitte des ersten Jahrhunderts v. Chr.) war durch Verpachtung von Gewässern und seine berühmte Austernzucht zu beträchtlichem Wohlstand gekommen. Um das Wachstum seiner Schalentiere zu beschleunigen, läßt er Becken bauen, die auf einem „Pfahlrost" von kurzen Säulen aus runden oder quadratischen Ziegeln ruhen. Dadurch können die Becken von

Bild 86: Hypokaust-Heizung für ein Wasserbecken auf dem Palatin in Rom;
der Beckenboden steht auf kurzen Ziegelsäulen und ist mit Hilfe heißer Luft von unten beheizbar.

Bild 87: Wandheizung mit Hilfe von Hohlziegeln (*tubuli*) in Castellamare bei Neapel (Bauzeit 1. Jahrh. n. Chr.).

Bild 88: Wandaufbau für einen beheizten Saal der Forum-Thermen in Ostia/Italien; hinter der Marmorverkleidung liegt die mit Hohlziegeln beheizte Wand aus Ziegelschale und *opus caementitium* (Bauzeit 1. Jahrh. n. Chr.).

KONSTRUKTION EINER HYPOKAUST-HEIZUNG

Die „hängenden" Fußböden der heißen Bäder müssen so angelegt werden, daß zuerst aus Ziegelplatten von eineinhalb Fuß ein Bodenbelag aufgebracht wird, der ein Gefälle zum Feuerungsofen aufweist. . . . Auf dem Pflasterboden führe man aus achtzölligen Ziegeln Pfeiler auf. Der Abstand der Pfeiler muß so gewählt werden, daß Ziegelplatten von zwei Fuß darüber gelegt werden können. Die Pfeilerhöhe soll zwei Fuß betragen. . . . Die darüberliegenden Ziegelplatten tragen den Boden und den Estrich (für das darüberliegende Bad).

VITRUV

107

Bild 89: Feuerung (*praefurnium*) für Hypokaust-Heizung in der Kaiser-Residenz Herkulia bei Piazza Armerina auf Sizilien; es wurde vor allem mit Holzkohle geheizt (Bauzeit um 300 n. Chr.).

unten mit heißer Luft erwärmt werden. Das gleiche Verfahren wird dann für die Beheizung von Schwimm- und Badebecken, aber auch von Wohnräumen – besonders in kälteren Provinzen wie Germanien – benutzt. Aus Griechenland sind allerdings ebenfalls beheizte Fußböden aus der Zeit zwischen 180 und 80 v. Chr. bekannt.

Die Fußbodenheizung ist völlig zugfrei (nur Strahlungswärme); man dehnt sie bei Bedarf auch auf die Seitenwände aus, die zu diesem Zweck mit Hilfe von eingebauten Hohlziegeln *(tubuli)* (Bilder 87 und 88) oder Warzenziegeln (Ziegelplatten mit Abstandshaltern) Hohlräume erhalten, durch die die erwärmte Luft hindurchziehen kann. Daneben benutzt man nach wie vor in den Räumen aufgestellte Kohlebecken – wie heute noch im Orient üblich – oder baut eine Kanalheizung, bei der man den Fußboden über kleinere Luftkanäle erwärmt. Holz oder häufiger Holzkohle, in einer von außen zu bedienenden Feuerstelle (*praefurnium*, Bild 89) verbrannt, liefern die heiße Luft, die schließlich durch vier bis sechs Kaminzüge nach außen abzieht. Durch Heizversuche in einer rekonstruierten Heizung in der Saalburg und anschließende Berechnungen für die Trierer Basilika wurde in unserer Zeit von Heizungsfachleuten bestätigt, daß die Heizanlagen optimal dimensioniert waren[1].

---

[1] [10] und [57].

Im dritten und beginnenden vierten Jahrhundert n. Chr. entstehen die beiden größten Thermen: die Caracalla-Thermen (Gesamtkomplex etwa
400×390 m, Bilder 90 und 91) und die Diocletian-Thermen (Gesamtkomplex etwa 380×340 m) in Rom. Erstere werden von 212 bis 217 n. Chr.
erbaut. Die gewaltigen Trümmer bieten heute noch ein eindrucksvolles Bild.
In diesem Zusammenhang müssen auch die Barbara-Thermen und die
(niemals vollendeten) Kaiser-Thermen in Trier (Bilder 92 und 93 sowie Proben 9/13, 22/5, 24/7 und 25/8) genannt werden. In Deutschland kann der
Interessierte heute außerdem Thermenruinen in Badenweiler und Baden-
Baden (Probe 23/12) besichtigen.

Bild 90: Ruinen der
Caracalla-Thermen in Rom;
Gesamtfläche der Anlage
etwa 400×390 m
(Bauzeit 212 bis 217 n. Chr.).

Bild 91: Raum für Kaltbäder
(*frigidarium*) der
Caracalla-Thermen.

Bild 92: Ruinen der
Kaiserthermen in Trier
(Warmbadsaal); das Mauerwerk
besteht aus römischem Beton
mit einer Schale aus Steinquadern und Ziegeln (Bau-
beginn Ende 3. Jahrh. n. Chr.).

Bild 93: Kaiserthermen in
Trier, Rekonstruktion;
Gesamtfläche der Anlage
etwa 330×260 m.

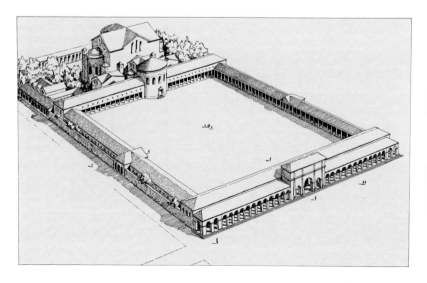

Die Ruinen der Trierer Thermen vermitteln vor allem dem Ingenieur vielfältige Eindrücke. In der ersten Hälfte des zweiten Jahrhunderts n. Chr. entstehen die Barbara-Thermen, deren Mauern sich bis in die frühe Neuzeit bis zu 30 m Höhe erhalten hatten. In einer der Fassaden muß die Amazonen-Statue aus Marmor gestanden haben, die eine römische Nachbildung des Phidias-Werkes und heute eines der Glanzstücke des Rheinischen Landesmuseums Trier ist. Die meisten Wände bestehen aus *opus caementitium* mit sorgfältiger Natursteinverblendung und mit Ziegeldurchschuß. Besondere Beachtung verdienen zwei beheizte Schwimmbecken von etwa 22×14 m Grundfläche. Über den Ziegelsäulen der Hypokaust-Anlage liegt stellenweise noch heute eine rund 30 cm dicke Schicht aus Ziegelsplittbeton, die sowohl wasserundurchlässig als auch hitzebeständig sein mußte (Probe 21/16).

Das größte bekannte heizbare Schwimmbecken befindet sich in Ankara. Es ist nicht weniger als etwa 50 m lang (Bild 94).

Die Kaisertthermen in Trier werden Ende des dritten Jahrhunderts begonnen. Nach Konstantins Übersiedlung nach Byzanz (316 n. Chr.) bleibt der Bau liegen und erst Valentinian setzt die Arbeiten fort. Sein Ziel ist jedoch nicht mehr eine Therme, sondern vermutlich ein repräsentatives Kaiserforum. Heute stehen noch Reste des gewaltigen Caldariums (Bild 92) und das weit verzweigte, teilweise zweistöckige unterirdische Bedienungssystem mit deutlichen Abdrücken der verwendeten Holzschalung (Bild 12 und Probe 9/13).

Der Bauvorgang wird von H. Cüppers in [19] wie folgt beschrieben:

„Die außerordentlich massiven Mauern sind sorgfältig mit zugerichteten Kalksteinen verblendet, hinter denen ein „Gußbeton" aus einem Konglomerat von Steinschrotteln und Mörtel verfüllt ist. In gleichmäßigen Abstän-

Bild 94: Rest eines beheizten Schwimmbeckens in den „Römischen Thermen" in Ankara/Türkei; Beckengröße etwa 50×12 m (Bauzeit 2. Jahrh. n. Chr.).

Bild 95: Das „TIBERIUS-Bad" auf Capri war vermutlich ein Fischbehälter; es gehört zu einer riesigen Kaiser-Residenz des AUGUSTUS; die Ruine aus *opus caementitium* ist ständig dem Brandungsangriff ausgesetzt (Bauzeit 1. Jahrh. n. Chr.).

den von 3 bis 7 Steinlagen sind als horizontale Ausgleichsschicht Ziegel (zwei bis drei übereinander) verlegt. Alle statisch wichtigen Elemente wie Bögen, Stützpfeiler und Öffnungen (Türen, Bögen der Fenster und Feuerstellen) sind ebenfalls in Ziegelmauerwerk ausgeführt. Die Gewölbe der weitläufigen Keller und Umgänge sind auf Lehren vergossen, die zum Teil noch die Abdrücke der Verschalungen erkennen lassen."

Auf Capri wird dem Besucher das „Bad des TIBERIUS" als Attraktion angepriesen, und er blickt auf Reste eines großen Beckens aus *opus caementitium* im Mittelmeer (Bild 95). Der Fremdenführer weist darauf hin, daß dieser „Beton" seit fast zwei Jahrtausenden den Angriffen des Salzwassers und der Brandung standgehalten habe. In der archäologischen Fachliteratur wird das Beckensystem allerdings als Fischbehälter für Süß- und Salzwasser bezeichnet, das zu einem 800×200 m großen Herrensitz, vermutlich des AUGUSTUS, gehörte. Die Stützmauern und Ruinen in diesem Gebiet der Steilküste sind Reste einer riesigen Thermenanlage des Herrensitzes.

Das *opus caementitium* mit groben Kalksteinbrocken bestätigt in vollem Maße die technologischen Angaben des VITRUV und bildet heute einen beliebten Anlegeplatz für Touristenboote.

112

HÄFEN

Rom baut sein Imperium zunächst im wesentlichen mit Hilfe der Landheere auf. Daneben spielen von Anfang an die See-, Küsten- und Flußschiffahrt eine Rolle. In den ersten beiden Jahrhunderten n. Chr. wird auch die militärische Flotte zu einem wichtigen Instrument. Eine Voraussetzung dafür sind leistungsfähige und sichere Häfen. Hafenanlagen werden möglichst dort errichtet, wo von Natur aus günstige Voraussetzungen bestehen (Felsriffe als Wellenschutz, Bäche und Flüsse für Sandausspülung usw.). Diese Voraussetzungen werden in der Kaiserzeit durch Ingenieurbauten mit teilweise riesenhaften Ausmaßen ergänzt oder sogar ersetzt (vorderer Buchdeckel). Alle Häfen weisen eine ähnliche Konzeption auf: Ein ein- oder zweiteiliges Hafenbecken wird nach See zu durch zwei bogenförmige Molen (Schutzdamm im Wasser gegen Wellenangriffe) geschützt, vor deren Öffnung meistens eine dritte liegt. So können auch bei Sturm die Wellen nicht direkt in das Becken einlaufen. Die Molen bestehen aus Steinschüttungen, Steinmauern oder Mauern aus *opus caementitium*. Die Ränder der Becken werden mit Vorratsspeichern und Büros, an exponierten Punkten auch mit Tempeln und Leuchttürmen, besetzt.

Bau einer römischen Hafenanlage; Darstellung aus dem Jahre 1548.

VITRUV gibt für den Hafenbau viele interessante Anregungen. Aus Wirtschaftlichkeitsgründen fordert er eine sorgfältige Platzauswahl, um künstliche Molen möglichst zu vermeiden und die Baukosten gering zu halten. Die Hafeneinfahrt soll andererseits äußerst stabil angelegt werden, damit man sie im Bedarfsfall mit Ketten absperren kann.

Zum führenden Hafen Italiens und einem der bedeutendsten des Mittelmeeres in republikanischer Zeit entwickelt sich die Stadt Pozzuoli. Die antike Mole des Hafens ist aus Bildern und Stichen noch bekannt; ihre Pfeilerreste verschwanden zu Beginn unseres Jahrhunderts im Inneren der damals errichteten Beton-Mole und sind nicht mehr zu sehen.

Die Gründung der 15 bis 16 m breiten und 372 m langen alten Mole bildeten 15 riesige Pfeiler *(pilae)* aus *opus caementitium;* ihre ungleichen Abstände überbrückte jeweils eine Bogenkonstruktion. Unter Kaiser ANTONINUS PIUS wurden 139 n.Chr. umfangreiche Reparaturen ausgeführt, wie wir aus einer Inschrift wissen.

Nach der Zeitenwende verlagert sich die Bedeutung von Pozzuoli als Hafen allmählich nach Ostia, dem „Tor von Rom" an der Tibermündung (vorderer Buchdeckel). Die Hafenanlagen (nördlich des Tibers wird ein Becken künstlich ausgehoben) sind wahrscheinlich von AUGUSTUS geplant und 54 n.Chr. von NERO eingeweiht. Seit dieser Zeit führt der Hafenkomplex auch den Namen Portus (Hafen). In der Folge treten (die oftmals üblichen) Versandungen im Hafenbereich auf, so daß TRAJAN zwischen 100 und 106 n. Chr. einen neuen, nach ihm benannten Hafen baut. Er besteht aus einem symmetrischen sechseckigen Becken von 322 000 m² Fläche mit einem Anschlußkanal (jetziger Kanal von Fiumicino) und besitzt rund 1970 Meter Kaimauern

ANLAGE VON HÄFEN
KONSTRUKTION VON MOLEN – AUCH UNTER WASSER

Häfen sind dann von Natur aus gut gelegen, wenn vorspringende Landspitzen oder Gebirgsvorsprünge vorhanden sind, die nach innen zu gekrümmte oder eckige Buchten bilden. Ringsum können nämlich Säulenhallen oder Schiffswerften angelegt werden und an beiden Seiten lassen sich Türme errichten, von denen aus (quer durch den Hafen) mit Maschinen Ketten gespannt werden können (zur Sicherung bei Nacht). Wenn aber (nur) ein Ankergrund vorhanden ist und keine schädlichen Meeresströmungen auftreten, muß man ein geschlossenes Hafenbecken mit Hilfe einer massiven Konstruktion oder eines Dammes herstellen (Mole). Soll eine massive Konstruktion den Angriffen des Meeres widerstehen, so empfehlen sich folgende Herstellverfahren:

(Unterwasser-Beton)

Man schaffe Erde aus der Gegend von Cumae herbei und mische sie in der Mörtelwanne im Verhältnis zwei Teile Erde und ein Teil Kalk. Sodann muß man einen Kasten ohne Boden herstellen. Dazu werden Wände aus Eichenpfählen und hölzernen Zangen ins Wasser hinabgelassen und eingerammt. Anschließend wird der Boden unter Wasser mit geeigneten Werkzeugen geebnet und gereinigt. Sodann mische man den oben beschriebenen Mörtel mit Bruchsteinen und schütte ihn in den Kasten. Der obere Raum des Kastens erhält eine Mauerkonstruktion (aus opus caementitium).

(Kastenfangedamm-Methode)

Ist keine Erde aus Cumae vorhanden, empfiehlt sich ein anderes Verfahren. Man stelle Doppelwände aus fest verbundenen Rammpfählen und hölzernen Zangen her. Zwischen die Wände fülle man Ton ein, der vorher in Körbe aus Sumpfgras eingegeben wurde. Bei sachgemäßer Herstellung dieser Dichtungsschicht läßt sich das Wasser aus dem Doppelwand-Kasten mit Hilfe von Wasserschnecken, Wasserrädern oder Schöpfrädern herauspumpen. Die Herstellung der Mole kann dann im Trocknen erfolgen.

Handelt es sich um erdigen Baugrund, dann müssen die Fundamentgruben bis zum festen Untergrund ausgehoben und anschließend ein Fundament aus Bruchsteinen, Bindemittel und Sand hergestellt werden.

Bei weichem Boden muß der Baugrund mit angekohlten Rammpfählen aus Erlen- oder Olivenholz befestigt werden (Pfahlrost-Gründung).

(Großformatige Fertigteile)

Bei zu starker Strömung oder zu hohen Wellen richte man am Ufer eine stabile Plattform her. Diese Plattform soll nicht ganz bis zur Hälfte waagerecht gebaut werden und der Rest eine abwärts geneigte Oberfläche haben. Diese Plattform wird mit Bohlen bis zur waagerecht gleichen Höhe mit dem waagerechten Teil der Plattform umgeben. Dann wird Sand eingebracht und auf diese Weise eine insgesamt waagerechte Aufstandsfläche hergestellt. Auf dieser Fläche errichte man einen Pfeiler von der festgesetzten Größe und lasse ihn wenigstens zwei Monate stehen, damit er erhärtet. Nunmehr wird der Rand, der den Sand hält, abgeschlagen. Der nach unten weggespülte Sand führt dann den Sturz des Pfeilers ins Meer herbei. In gleicher Weise wird dann Pfahl um Pfahl in das Meer hineingebaut.

VITRUV

aus *opus caementitium*. Man schätzt, daß für dieses Vorhaben 2,4 Mill. m³ Erde bewegt und etwa 550 000 m³ Baumasse (*opus caementitium* und Steinverkleidung) verarbeitet werden mußten [99].

Für den Bau der drei Molen in Ostia entwickeln die Baumeister ein besonders rationelles Verfahren: Man füllt ausgediente Schiffe mit Steinen oder sogar mit römischem Beton, schwimmt sie zur Einbaustelle und versenkt sie dort.

Bei Bauarbeiten für den Flughafen LEONARDO DA VINCI bei Rom, der im Bereich des antiken Hafens liegt, wurden vor einiger Zeit bei Erdarbeiten zahlreiche Schiffsreste ausgegraben (Bild 96). Auf der dritten Mole befand sich ein berühmter Leuchtturm. Für diese Mole hat man ein besonders großes Transportschiff (vorher für einen Obelisken aus Ägypten verwendet) versenkt.

Die am besten erhaltene antike massive Hafenmole (Bilder 97 und 98) liegt in Ampurias/Spanien. Zu dieser griechischen Gründung aus dem Jahre 575 v. Chr. gehört ein bedeutender Hafen. Im Jahre 49 v. Chr. erbaut CÄSAR neben der Stadt eine römische Kolonie. Stadt und Kolonie verlieren in den folgenden Jahrhunderten an Bedeutung und werden nach der NormannenInvasion 852 n. Chr. zerstört und völlig verlassen.

Bild 96: Gründung für Hafenmolen in Ostia/Italien aus abgängigen Schiffen; diese wurden mit Steinen oder römischem Beton beladen und an vorgesehener Stelle versenkt; bei Bauarbeiten um 1965 legte man einige Schiffe frei (Bauzeit 1. Jahrh. n. Chr.).

Bild 97: Mole für den Hafen
Ampurias/Spanien; das heute
85 m lange Bauwerk besteht
aus *opus caementitium* mit
Steinblöcken als Schale und ist
etwa 6 m breit und 7 m hoch
(Bauzeit 175 bis 150 v. Chr.).

Bild 98: Mole Ampurias/
Spanien; der Betonkern (oben
links zu sehen) ist durch eine
Schale aus Steinblöcken
geschützt.

Bild 99: Ruine eines Leucht-
turms für den römischen Hafen
Civitavecchia/Italien (Bauzeit
Ende 1. Jahrh. n. Chr.).

Eindrucksvollstes Bauwerk dieser Ruinenstadt ist die heute noch 85 m lange
Hafenmole von etwa 6 m Breite und 7 m Höhe. Sie wurde zwischen 175 und
150 v. Chr. errichtet, besteht aus *opus caementitium* mit Steinblöcken als
Schale und trotzt seit mehr als 2000 Jahren dem hier bei Sturmflut besonders
heftigen Angriff des Meeres.

Weitere, noch heute interessante antike Hafenanlagen befinden sich u. a. in
Civitavecchia/Italien (Molenrest mit Leuchtturmruine, Bild 99), Leptis
Magna/Libyen (Molenreste mit Leuchtturm-, Tempel- und Lagerhallen-
ruinen) und in Side/Südtürkei (S. 178). Diese in der Antike reiche Handels-
stadt verfügte über zwei Hafenanlagen, die von Molen geschützt waren [55].
Mit Hilfe archäologischer Taucher-Untersuchungen konnten die drei von
Vitruv empfohlenen Bauverfahren für Hafenmolen (S. 114) nachgewiesen
werden: die Herstellung von Unterwasser-„Beton" (Bild 100), die Kasten-

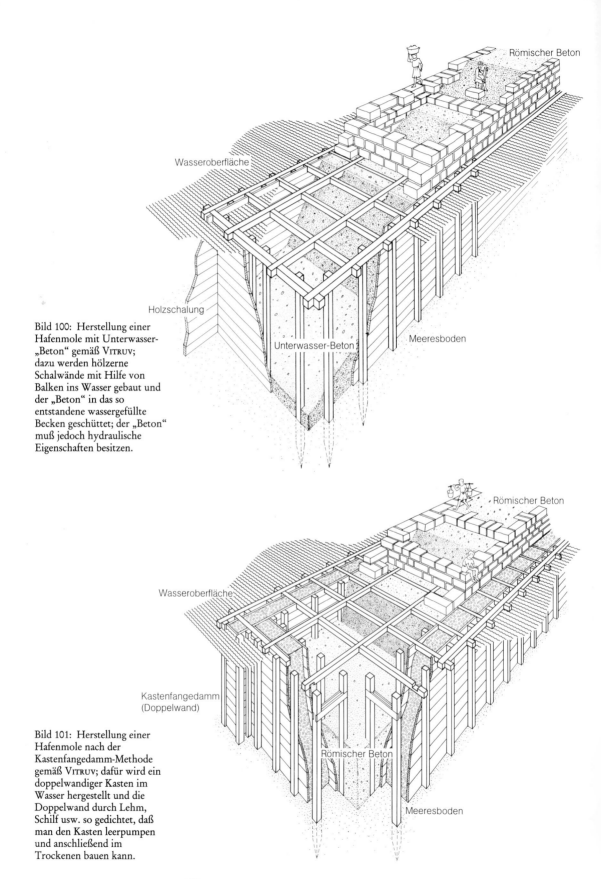

Römischer Beton

Wasseroberfläche

Holzschalung

Unterwasser-Beton

Meeresboden

Bild 100: Herstellung einer Hafenmole mit Unterwasser-„Beton" gemäß VITRUV; dazu werden hölzerne Schalwände mit Hilfe von Balken ins Wasser gebaut und der „Beton" in das so entstandene wassergefüllte Becken geschüttet; der „Beton" muß jedoch hydraulische Eigenschaften besitzen.

Römischer Beton

Wasseroberfläche

Kastenfangedamm
(Doppelwand)

Römischer Beton

Meeresboden

Bild 101: Herstellung einer Hafenmole nach der Kastenfangedamm-Methode gemäß VITRUV; dafür wird ein doppelwandiger Kasten im Wasser hergestellt und die Doppelwand durch Lehm, Schilf usw. so gedichtet, daß man den Kasten leerpumpen und anschließend im Trockenen bauen kann.

fangedamm-Methode (Bild 101) und der Bau von großen „Beton"-Blöcken zum späteren Versenken ins Wasser. Nähere Einzelheiten enthält der Abschnitt „Rationalisierung".

Den Abschluß dieser Reihe sollen zwei Kriegshäfen bilden. Misenum, am Westende der Bucht von Pozzuoli, stellt mit zwei Becken und natürlichen Molen den fast idealen Naturhafen dar. Diese Stadt wird daher unter Augustus und seinen Nachfolgern zu einem der wichtigsten Flottenstützpunkte des Mittelmeeres. Die beiden Hafenbecken (das heutige Mare Mortuo bildete das Innenbecken) sind durch einen Kanal verbunden, den eine Brücke überquert.

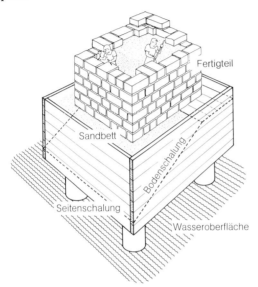

Bild 102: Herstellung von großformatigen Fertigteilen aus *opus caementitium* für Hafenmolen gemäß Vitruv; nach Erhärten des Bauteils wird die Seitenschalung entfernt, so daß das Sandbett ausrieselt und das Bauteil ins Wasser kippt.

Die seitlich durch die Felsenwand des Kap von Misenum und eine parallel verlaufende Felsbarriere begrenzte Hafeneinfahrt (Bild 103) war zusätzlich durch zwei senkrecht dazu liegende Molen geschützt. Die südliche, mit einer Länge von etwa 180 m, umfaßte zwei Reihen quadratischer Pfeiler, die man „auf Lücke" angeordnet hatte; die Mole bildete also ein durchlässiges Bauwerk (mit bei Sturmflut nicht so heftigen Wellenstößen wie auf eine massive Mole) und bewirkte trotzdem eine starke Wellendämpfung. Die nördliche (geschütztere) Mole war kürzer und bestand nur aus einer Pfeilerreihe. Beide sind heute nicht mehr sichtbar.

Besondere Beachtung verdienen mehrere Durchstiche in der Felsbarriere. Durch diesen Kunstgriff leiten die Ingenieure eine Strömung in die Hafeneinfahrt, die der Versandung entgegenwirkt.

Eine tragische Berühmtheit erhält Misenum durch Plinius d. Ä., der als örtlicher Flottenadmiral beim Vesuv-Ausbruch (79 n. Chr.) von hier mit einem Schiff aufbricht, um die Katastrophe aus der Nähe zu betrachten und den Betroffenen zu helfen; er bezahlt die Fahrt mit seinem Leben. Derweil hält sich sein Neffe, Plinius d. J., in Misenum in sicherem Abstand und hat

Bild 103: Einfahrt in den Hafen von Misenum bei Neapel; in der Antike hatten die Römer in die Felsbarriere in Bildmitte Durchlässe gebrochen, um mit Hilfe der hindurchlaufenden Strömung eine Versandung der Hafeneinfahrt zu bremsen (Bauzeit 1. Jahrh. n. Chr.).

uns eine ausführliche und sehr anschauliche Schilderung der Ereignisse überliefert.

Ein zweiter bedeutender Kriegshafen unter AUGUSTUS ist der Portus Julius, den M. V. AGRIPPA 37 v. Chr. am Averner See bei Pozzuoli anlegt. Dieser Kratersee, etwa 2 km von der Küste entfernt, ist schon seit altersher von melancholischen und geheimnisvollen Legenden umwoben und steht angeblich mit dem Fluß der Unterwelt, dem Styx, in Verbindung. Ein Grund dafür sind sicherlich die vergleichsweise düsteren und bleiernen Farben, die man auch heute noch oft dort wahrnimmt. M. V. AGRIPPA betrachtet die Angelegenheit aber nüchterner, verbindet den Averner mit dem vorgelagerten Lucriner See (der seinerseits Verbindung mit dem Golf von Pozzuoli hat) durch einen breiten Kanal und verfügt damit über einen geschützten Hafen. Die Berghänge um den Averner See tragen reichen Baumbestand, so daß eine wichtige Materialvoraussetzung für den Bau neuer Schiffe erfüllt ist. Reste der Werft und eines Trockendocks sind heute noch vorhanden. Die Nachfolger des AUGUSTUS geben diesen Hafen jedoch wieder auf.

Aus Beschreibungen, von Bildern und aus Bauwerksresten wissen wir, daß wichtige Häfen meistens mit Leuchttürmen ausgestattet waren. Stark verfallene und romantische Ruinen stehen in Civitavecchia (Bild 99) und auf Capri. Diese Insel vor dem Golf von Neapel, die AUGUSTUS und besonders TIBERIUS als bevorzugten Aufenthaltsort schätzen, bildet auch den Alterssitz des TIBERIUS. Unmittelbar neben seiner „Villa Jovis" (Bild 63) finden wir

120

die Torre del Faro, einen antiken Leuchtturm von noch etwa 23 m Höhe auf einem quadratischen Sockel mit 12 m Seitenlänge. Er besteht aus *opus caementitium* mit Ziegelverkleidung und diente hauptsächlich als Signalstation. Die Verbindung zum rund 30 km entfernten Hafen Misenum wurde bei Tage durch Rauchwolken und nachts durch Feuer aufrechterhalten.

Ein eindrucksvoller Leuchtturm ist in Dover an der Südküste Englands zu sehen (Bild 104). Er wird um 50 n. Chr. errichtet, hat einen achteckigen Grundriß und ist das älteste weitgehend erhaltene römische Bauwerk Großbritanniens. Bei der Überfahrt von Calais nach Dover erkennt man den Turm schon von weitem im Komplex des Dover-Castle an der steil abfallenden Kreideküste.

Bild 104: Leuchtturm in Dover/England; er besteht aus *opus caementitium* und ist das älteste nahezu erhaltene römische Bauwerk in England (Bauzeit um 50 n. Chr.).

121

STRASSEN

„Alle Wege führen nach Rom" ist ein geflügeltes Wort geworden; man könnte es fortsetzen: und treffen dort am *milliarium aureum* (Goldener Meilenstein, Bild 105) zusammen. Dieser vergoldete Marmorzylinder wird 20 v. Chr. unter AUGUSTUS auf dem Forum Romanum aufgestellt und enthält die Entfernungen zu bedeutenden Städten des Weltreiches. Gleichzeitig läßt M. V. AGRIPPA eine große mehrteilige Weltkarte erarbeiten: die *commentarii geographici*. Diese „Streifenkarten" waren auch Voraussetzung für den Bau neuer Straßen und Wasserleitungen. Sie sind außerdem die Urfassung der „Peutingerschen Tafel" in Wien, die aus dem 12./13. Jahrhundert stammt und auf eine römische Vorlage aus dem dritten Jahrhundert n. Chr. zurückgeht. Die *commentarii geographici* sind nicht erhalten.

Für die Beherrschung und Verwaltung des riesigen Imperium Romanum ist ein gutes Straßennetz unabdingbare Voraussetzung (Bilder 106 und 107). Dieses Netz wird so geplant, daß es zusammen mit den Schiffahrtslinien ein sinnvolles Verkehrssystem bildet. Hier liegt sicher eine Voraussetzung dafür, daß das Imperium Romanum rund fünf Jahrhunderte lang zusammengehalten werden konnte.

An erster Stelle sind die großen Fernstraßen zu nennen. Die älteste ist die Via Appia, die von APPIUS CLAUDIUS bereits 312 v. Chr. begonnen wird und zunächst bis zur etwa 540 km entfernten Stadt Capua reicht; später wird sie bis Brindisi verlängert. Sie hat eine Breite von etwa 8 m.

Nach Norden baut man 241 v. Chr. die Via Aurelia und 220 v. Chr. die Via Flaminia. Ihnen folgen die Via Cassia, Via Clodia, Via Salaria und Via Latina. An diese sieben Hauptlinien schließen sich Fernverbindungen in alle Teile des Imperiums an, die z. B. auch die Alpen über fünf Pässe überqueren.

Bild 105: Reste des *milliarium aureum* in Rom; der vergoldete Marmorzylinder auf dem Forum Romanum enthielt die Entfernungen zu bedeutenden Städten des Reiches (Bauzeit 20 v. Chr.).

Bild 106: Römische Fernstraße
südlich von Rom
(Via Severiana); sie ist etwa
8 m breit und hat einen
gewölbten Querschnitt zur
Wasserabführung (Bauzeit
Anfang 3. Jahrh. n. Chr.).

Bild 107: Römische Straße bei
der Saalburg/Taunus
(Bauzeit 2. Jahrh. n. Chr.).

Zu ihnen gehört die Fernstraße von der heutigen Schweiz zur Nordsee-küste. Sie folgt dem Rhein-Lauf auf rund 800 km Länge; in Mainz, Xanten und vor allem in Köln zweigen Querverbindungen nach Westen ab. Ihren Verlauf – heute weitgehend der Bundesstraße 9 entsprechend – und einige ausgewählte Schnitte zeigen die Bilder 108 bis 123. Die Straßen sind außerordentlich solide konstruiert und haben bei einer Dicke von heute insgesamt 80 bis 130 cm einen schichtenweisen Aufbau. Hierbei ist jedoch zu beachten, daß im Laufe der Zeit mehrere Schichten übereinandergelegt wurden.

In den germanischen Provinzen weisen die Straßen meistens Deckschichten aus Kies auf (Bild 107), in anderen Regionen (Bild 106) und in den Städten häufig aus plattenartigem Steinpflaster. Römische Straßenkonstruktionen enthalten oft Schichten aus einem betonartigen Material; es wurden Dicken bis zu 50 cm gemessen. Dieser Baustoff wird in der archäologischen Fachlite-ratur z. B. mit Mörtel [46], Beton [92], Concret [21] oder *béton* [41] bezeich-net. Nach neueren Auffassungen wurden diese Schichten jedoch nicht immer im „Gußverfahren" hergestellt. Vielmehr sind auch Puzzolane oder bestimmte Kalkvorkommen unter Regeneinwirkung zu einem betonarti-gen Stoff erhärtet. Zur Klärung dieser Fragen (vgl. auch S. 30) wären weitere Untersuchungen wertvoll.

Unabhängig von der Entstehung ist anzumerken, daß die Plattenwirkung einer betonartigen Schicht – wie auch heute – die Verkehrsbelastungen ver-teilt und sie dadurch günstig in den Untergrund ableitet. Schäden durch Fahrzeuge werden so vermindert.

Man errichtet Straßen möglichst in übersichtlichem und höherem Gelände oder auf kleinen Dämmen. Auf diese Weise haben sie eine lange Lebensdauer (da kaum Schäden durch Feuchtigkeit auftreten), und die Legionen können weniger leicht in einen Hinterhalt geraten. Einige dieser Römerstraßen bestehen auch heute noch. Sie überqueren Berge oder Hügel mit Steigungen bis zu mehr als 20 Prozent.

Das Imperium verfügt unter TRAJAN über fast 100 000 km Staatsstraßen. An den Staatsstraßen stellt man in Abständen von 1000 Doppelschritten (1 Meile, etwa 1,5 km) Meilensteine auf; viele davon sind bis heute erhalten. Die Strecken werden nach Stationen *(mansiones)* eingeteilt, die jeweils eine Tagesreise weit voneinander entfernt liegen und auch als Nachtquartier dienen. Sie sind so ausgelegt, daß dort sogar Truppen untergebracht und ver-pflegt werden können. Zwischen den *mansiones* liegen jeweils 5 bis 8 *muta-tiones,* in denen ein Pferdewechsel möglich ist. Kaiser AUGUSTUS soll als Tagesreise bis zu 185 km und TIBERIUS auf einer „Blitzreise" etwa 350 km in 24 Stunden zurückgelegt haben. Bei eiligen Nachrichten wird die Geschwin-digkeit der Staatspost – mit vielfachem Pferdewechsel – bis zu 300 km pro Tag geschätzt.

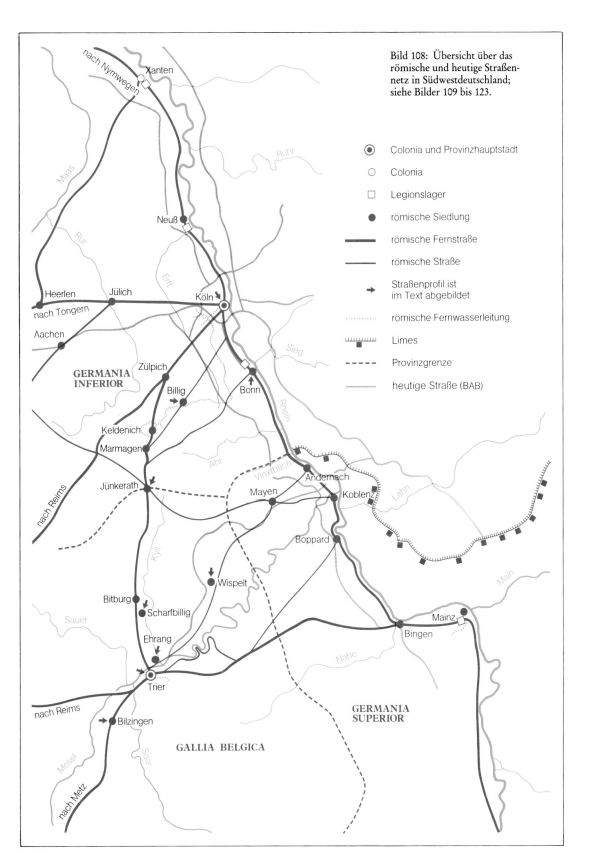

Bild 108: Übersicht über das römische und heutige Straßennetz in Südwestdeutschland; siehe Bilder 109 bis 123.

⊙ Colonia und Provinzhauptstadt

○ Colonia

□ Legionslager

● römische Siedlung

━━ römische Fernstraße

─── römische Straße

→ Straßenprofil ist im Text abgebildet

······ römische Fernwasserleitung

⊥⊥⊥⊥ Limes

- - - - Provinzgrenze

─── heutige Straße (BAB)

nach Nymwegen

Xanten

Maas

Ruhr

Neuß

Rur

Erft

Heerlen

Jülich

Köln

nach Tongern

Aachen

Sieg

Zülpich

GERMANIA INFERIOR

Billig

Bonn

Keldenich

Marmagen

Ahr

Rhein

nach Reims

Jünkerath

Mayen

Andernach

Vinxtbach

Koblenz

Lahn

Kyll

Boppard

Main

Wispelt

Bitburg

Scharfbillig

Sauer

Ehrang

Mainz

Bingen

Trier

Nahe

nach Reims

GERMANIA SUPERIOR

Bilzingen

Mosel

Saar

GALLIA BELGICA

nach Metz

Bild 109: Landstraße
Trier–Köln bei Scharfbillig.[1]

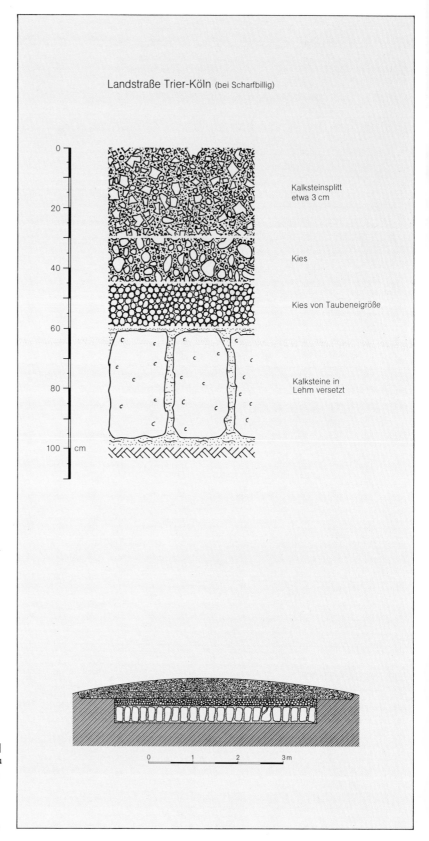

[1] Die Bilder 109 bis 123
wurden nach [46], [90] und [92]
in einheitlicher Darstellung neu
gezeichnet. Es handelt sich um
örtlich begrenzte Grabungen,
deren Ergebnisse nicht
repräsentativ für längere
Straßenabschnitte sein können.

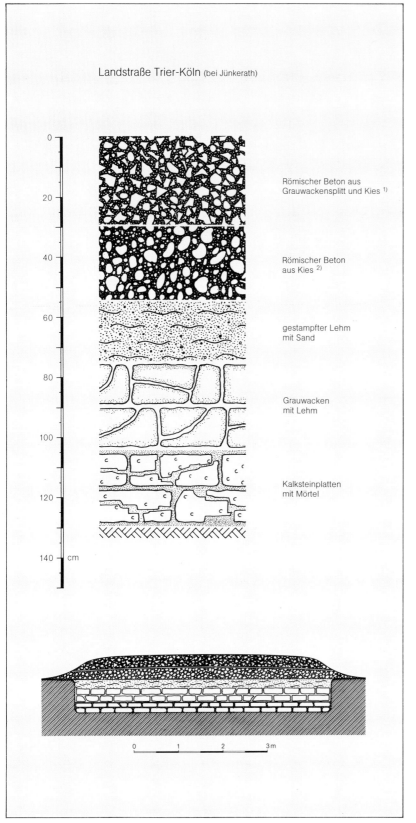

Landstraße Trier-Köln (bei Jünkerath)

Römischer Beton aus Grauwackensplitt und Kies [1]

Römischer Beton aus Kies [2]

gestampfter Lehm mit Sand

Grauwacken mit Lehm

Kalksteinplatten mit Mörtel

Bild 110: Landstraße Trier–Köln bei Jünkerath.

[1] Bezeichnung in [46]: Klein zerschlagener Grauwackenstein mit Kies untermischt und mit Kalk verbunden

[2] Bezeichnung in [46]: Kies, mit Mörtel verbunden

127

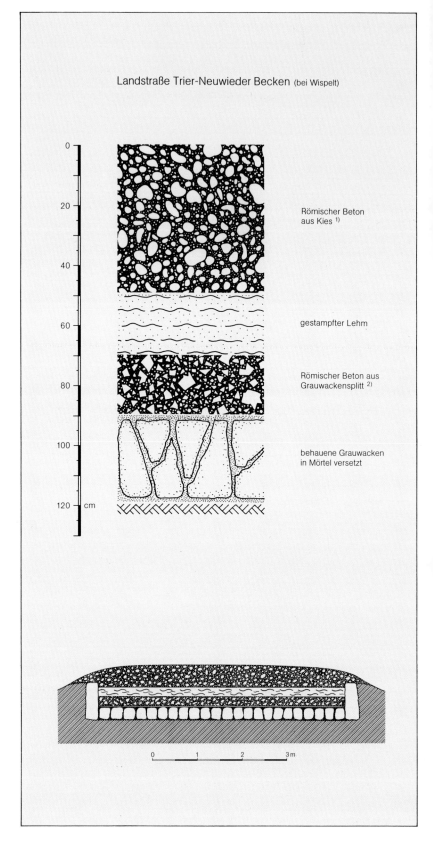

Bild 111: Landstraße
Trier–Neuwieder Becken
bei Wispelt.

Landstraße Trier-Neuwieder Becken (bei Wispelt)

Römischer Beton
aus Kies [1]

gestampfter Lehm

Römischer Beton aus
Grauwackensplitt [2]

behauene Grauwacken
in Mörtel versetzt

[1] Bezeichnung in [46]:
Kies, mit Kalk verbunden

[2] Bezeichnung in [46]:
Kleingeschlagene und mit
Mörtel verbundene
Grauwacken

128

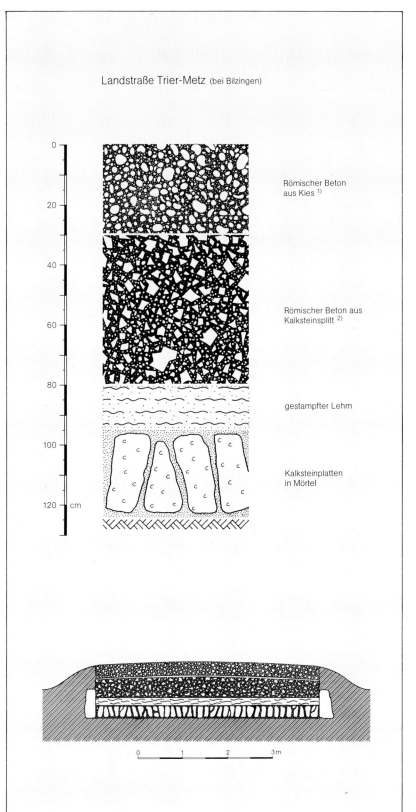

Landstraße Trier-Metz (bei Bilzingen)

Römischer Beton aus Kies [1]

Römischer Beton aus Kalksteinsplitt [2]

gestampfter Lehm

Kalksteinplatten in Mörtel

Bild 112: Landstraße Trier–Metz bei Bilzingen.

[1] Bezeichnung in [46]: Kleine Kiesel, mit Mörtel verbunden

[2] Bezeichnung in [46]: Zerschlagene Kalksteine mit Mörtel verbunden

Bild 113: Landstraße
Trier–Neuwieder Becken
bei Ehrang.

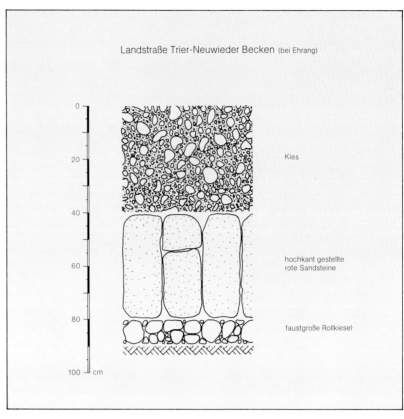

Landstraße Trier-Neuwieder Becken (bei Ehrang)

Kies

hochkant gestellte
rote Sandsteine

faustgroße Rollkiesel

Bild 114: Straße Köln,
Vor Apostelnkloster Nr. 13
und 15, unterste Schicht.

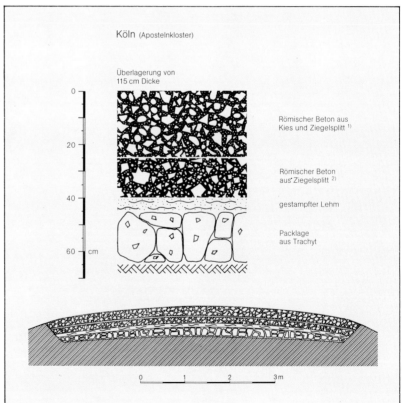

Köln (Apostelnkloster)

Überlagerung von
115 cm Dicke

Römischer Beton aus
Kies und Ziegelsplitt [1]

Römischer Beton
aus Ziegelsplitt [2]

gestampfter Lehm

Packlage
aus Trachyt

[1] Bezeichnung in [92]:
Kies und Ziegelbeton
abwechselnd

[2] Bezeichnung in [92]:
Beton aus Ziegelkleinschlag

130

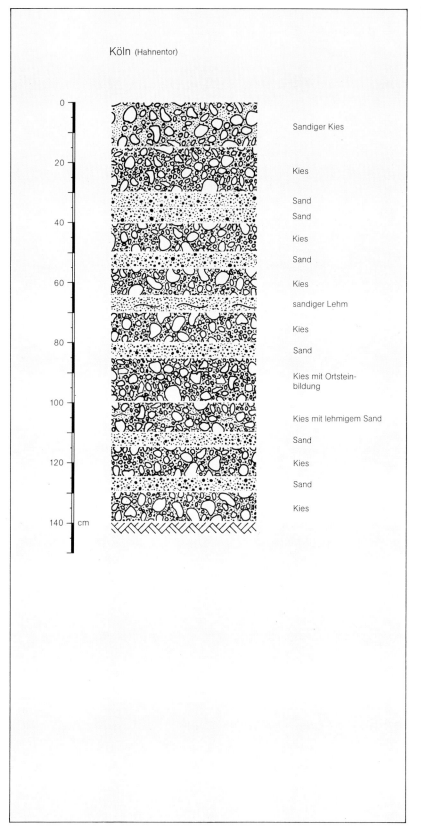

Köln (Hahnentor)

Sandiger Kies

Kies

Sand

Sand

Kies

Sand

Kies

sandiger Lehm

Kies

Sand

Kies mit Ortstein-
bildung

Kies mit lehmigem Sand

Sand

Kies

Sand

Kies

Bild 115: Straße Köln,
Hahnentor.

131

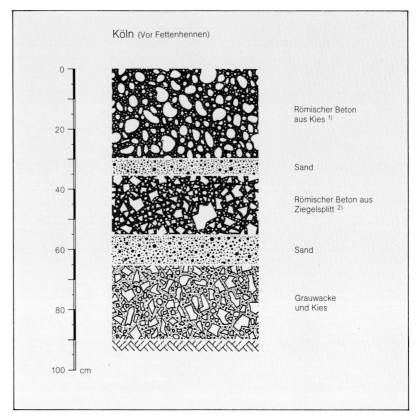

Köln (Vor Fettenhennen)

Römischer Beton
aus Kies [1]

Sand

Römischer Beton aus
Ziegelsplitt [2]

Sand

Grauwacke
und Kies

[1] Bezeichnung in [92]:
Kiesschicht mit Mörtel

[2] Bezeichnung in [92]:
Beton aus Ziegelstücken und
Mörtel

Bild 117: Straße Köln, Westtor
der Alteburg, unterste Schicht.

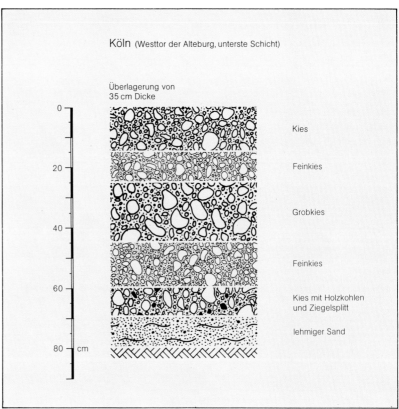

Köln (Westtor der Alteburg, unterste Schicht)

Überlagerung von
35 cm Dicke

Kies

Feinkies

Grobkies

Feinkies

Kies mit Holzkohlen
und Ziegelsplitt

lehmiger Sand

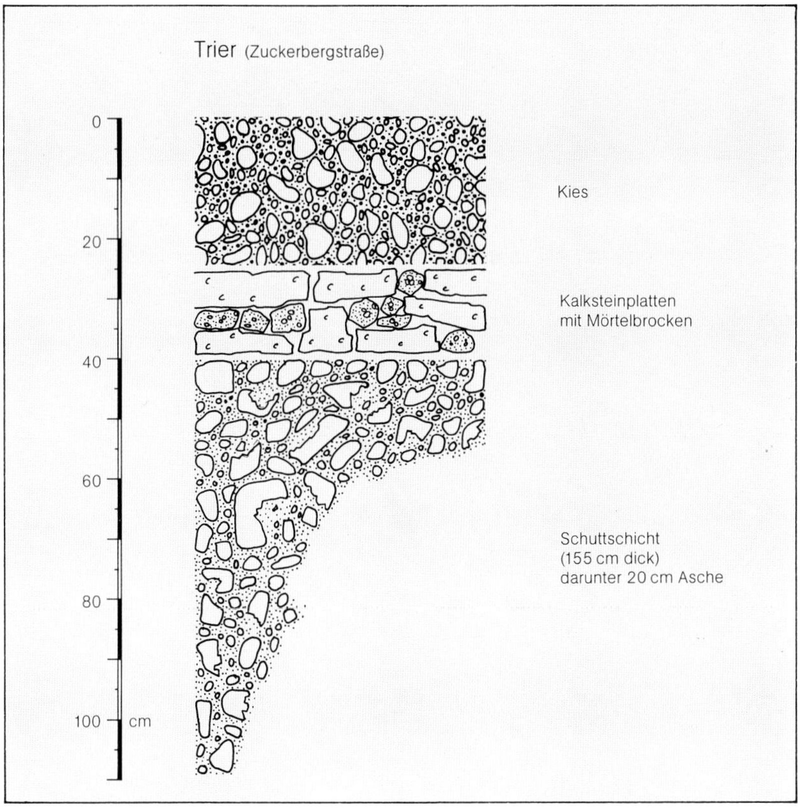

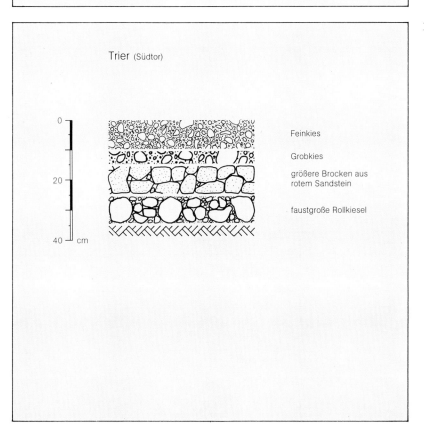

Trier (Zuckerbergstraße)
0
20
40
60
80
100
cm
Kies
Kalksteinplatten
mit Mörtelbrocken
Schuttschicht
(155 cm dick)
darunter 20 cm Asche

Bild 118: Straße Trier, Zuckerbergstraße.

Trier (Südtor)
0
20
40
cm
Feinkies
Grobkies
größere Brocken aus
rotem Sandstein
faustgroße Rollkiesel

Bild 119: Straße Trier, Südtor.

Bild 120: Straße Trier,
Gerberstraße, unterste Schicht.

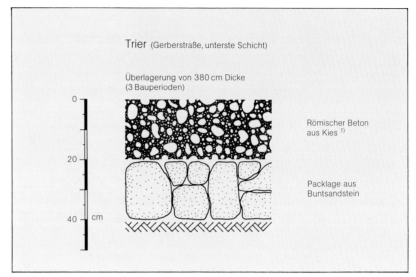

Trier (Gerberstraße, unterste Schicht)

Überlagerung von 380 cm Dicke
(3 Bauperioden)

Römischer Beton
aus Kies [1]

Packlage aus
Buntsandstein

[1] Bezeichnung in [90]:
Kies mit Kalk und
glatter Oberfläche

Bild 121: Straße Trier,
Neustraße, unterste Schicht.

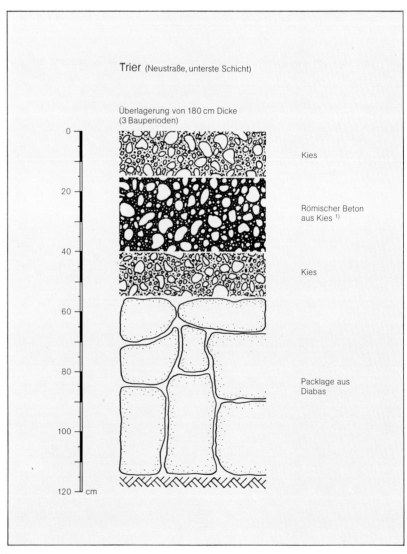

Trier (Neustraße, unterste Schicht)

Überlagerung von 180 cm Dicke
(3 Bauperioden)

Kies

Römischer Beton
aus Kies [1]

Kies

Packlage aus
Diabas

[1] Bezeichnung in [90]:
Kies, mörtelhaltig

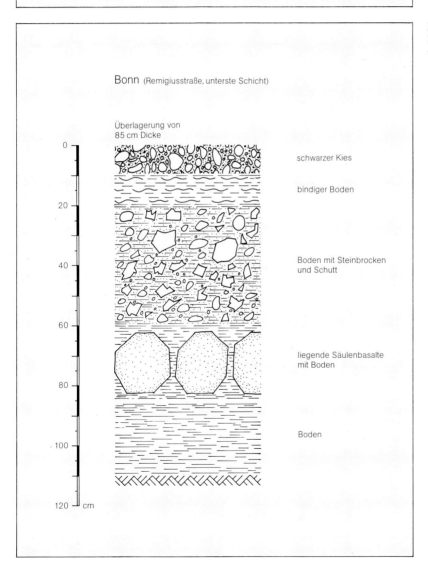

Ortsdurchgang Belgica (beim Dorf Billig/Eifel)

0
20
40 — cm

hochkant gestellte Steine

Kies

Sand

Bild 122: Straße Belgica bei Billig/Eifel.

Bonn (Remigiusstraße, unterste Schicht)

Überlagerung von
85 cm Dicke

0
20
40
60
80
100
120 — cm

schwarzer Kies

bindiger Boden

Boden mit Steinbrocken und Schutt

liegende Säulenbasalte mit Boden

Boden

Bild 123: Straße Bonn, Remigiusstraße, unterste Schicht.

Bild 124: Rekonstruktion eines römischen Reisewagens mit originalen Beschlägen (Römisch-Germanisches Museum Köln); die Karosserie hängt an vier Lederriemen, die Vorderachse ist drehbar.

Die Römer benutzen verschiedene Fahrzeuge, die sie teilweise von anderen Völkern übernehmen: Als großer und komfortabler Reisewagen (auch zum Schlafen) steht die *carruca* (unser Wort Karosse) zur Verfügung (Bild 124). Ähnlichen Zwecken dient auch die von den Galliern entlehnte *raeda*. Leichte Gefährte sind das *cisium* (zweirädriges Gefährt) und das *carpentum* (Zweispänner mit gewölbtem Schutzdach). Lasten und Gepäck werden im *carrus* oder im *plaustrum* – zwei- oder vierrädrig – befördert. Die Pferde für den Vorspanndienst heißen *paraveredi* (daher unser Wort Pferd).

Neben den Fernstraßen kommt aber auch den Straßen in der Stadt eine große Bedeutung zu. Meistens sind sie in einem rechtwinkligen Netz angeordnet. VITRUV widmet in seinen Büchern mehrere Kapitel dem Problem der Städteplanung und besonders der Straßenführung. So ist ein Abschnitt „Die Ausrichtung der Straßenzüge mit Rücksicht auf die Winde" überschrieben.

Wir haben heute sehr genaue Kenntnisse über den Stadtstraßenbau durch die Ausgrabungen in Pompeji (Bild 125), Herkulaneum, Ostia (Bild 126) und anderen Städten (Bilder 127 und 128). Karten römischer Städte sind nicht erhalten. Wichtige Einzelheiten des kaiserlichen Roms erfahren wir jedoch

Bild 125: Pompeji/Italien
wurde 79 n. Chr. mit einer bis
zu 10 m dicken Ascheschicht
bedeckt; etwa drei Fünftel der
Stadt sind ausgegraben;
im Hintergrund der Vesuv.

Bild 126: Stadtstraße in
Ostia/Italien; schichtweiser
Aufbau der Straßendecke.

Bild 127: Hauptstraße in Ephesus/Türkei („Kuretenstraße"), mit Marmorplatten belegt und unterirdischer Entwässerung versehen.

aus Resten der *forma urbis*. Dieser Stadtplan aus der Zeit um 200 n. Chr. war in 151 Marmorplatten eingeritzt und hatte eine Größe von etwa 18,10 × 13 m. Der Plan ist stark zerstört und heute nur noch in Form einiger Stücke vorhanden.

Pompeji zeigt – mit Ausnahme der „Altstadt" – im wesentlichen ein rechtwinkliges Straßennetz, das vielfach oberirdisch entwässert wird. Da die Stadt auf einem vorgeschichtlichen und felsähnlich erstarrten Lavastrom erbaut wurde, wäre der durchgehende Bau von unterirdischen Abflußkanälen zu aufwendig gewesen. Man faßt daher die Straßen mit 20 bis 40 cm hohen Bordsteinen ein (Bild 129) und benutzt sie nach Regenfällen gleichzeitig als Abflußquerschnitt. Daß bei dieser Gelegenheit auch Abfälle und Unrat fortgespült wurden, ist sicher kein Nachteil gewesen. Damit die Fußgänger die 3 bis 8,50 m breiten Straßen bequem und ohne Beschmutzung überqueren können, sieht man an allen Kreuzungen und sonstigen wichtigen Punkten Schrittsteine (Bild 130) vor, die an unsere Zebrastreifen erinnern. Die Steine werden in Abständen so angeordnet, daß die Fahrzeuge unbehindert zwischen ihnen hindurchfahren können. An vielen Stellen sind hier durch Abnutzung Rillen in den Steinplatten der Straßendecke entstanden, in denen die Fahrzeuge wie in Geleisen geführt wurden.

Bild 128: Hauptstraße in Italica/Spanien; unter der Straße liegt ein Abwasserkanal.

Bild 129: Nebenstraße in Pompeji/Italien.

Bild 130: Straße in
Pompeji/Italien mit
Schrittsteinen und Einfassung
durch Bordsteine.

Einbahnstraßen gibt es ebenfalls bereits, und das Forum ist vollkommen für
den Wagenverkehr gesperrt. Man erreicht das sehr einfach und drastisch,
indem man am Ende der zuführenden Straßen drei oder mehrere hohe Steinblöcke in das Pflaster einläßt (Bild 131).

Im übrigen sind die Straßen vieler Städte tagsüber nur den Fußgängern vor-
behalten (lediglich Baustellenfahrzeuge bilden eine Ausnahme); doch wer
etwas auf sich hält, benutzt sie ohnehin per Sänfte. Da es keine Hausnum-
mern und keine künstliche Beleuchtung gibt, dürfte ein nächtlicher Heim-
weg zwischen den dann quietschenden und lärmenden Fahrzeugen ein
kleines Abenteuer gewesen sein. Die Fußwege müssen von den Hauseigentümern angelegt und unterhalten werden, was in einer stark individualisti-
schen Bauweise zum Ausdruck kommt: Die Konstruktion wechselt fast von
Haus zu Haus (Bild 132).

Herkulaneum scheint eine etwas weniger turbulente Stadt als Pompeji gewesen zu sein, kann dafür aber auf einen Straßenbelag (Kalksteinplatten) mit
unterirdischer Entwässerung (daher auch keine Schrittsteine), eine mehr als

140

Bild 131: Ende einer Straße in Pompeji/Italien am Forum; Begrenzung durch drei Steinblöcke.

Bild 132: Fußweg in Pompeji/Italien; die Fußwege mußten von den Hauseigentümern unterhalten werden, daher stark individualistische Bauweise.

Bild 133: Straße in
Herkulaneum/Italien mit
Säulengängen; unter der Straße
liegt ein Abwasserkanal.

12 m breite Hauptstraße und einige völlig mit Säulengängen überdachte Fußwege (Bild 133) verweisen. Die Hauptstraße von Ostia *(decumanus maximus)*
ist etwa 10 m breit und mehr als 1,5 km lang.

Der Aufbau der Stadtstraßen in den germanischen Provinzen ist durch Grabungen bekannt. Aus Trier liegen weit mehr als 200 Aufzeichnungen über
römische Straßen vor ([90]), die überwiegend aus Packlage und Kies, aber
auch aus Mörtelschutt und vereinzelt aus römischem Beton bestehen. In der
Gründungsphase wird eine einheitliche Gesamtbreite aller Straßen von
17 bis 18 m angenommen; durch Einbau von Laubengängen im zweiten Jahr-

Bild 134: In Köln mußte 1970
der Belag der etwa 5,50 m
breiten antiken Hafenstraße
(Bauzeit 3. bis 4. Jahrh. n. Chr.)
wegen Bauarbeiten aufge-
nommen werden; er wurde
anschließend wieder verlegt.

hundert n. Chr. verringert sich diese Breite stellenweise auf 11 bis 12 m. In Köln (Bild 134) hatte die in Nord-Süd-Richtung verlaufende Hauptstraße *(cardo maximus)* eine Breite zwischen den Giebelfronten von etwa 32 m und zwischen den Laubengängen von etwa 22 m. Die Fahrbahnen der Nebenstraßen waren 11 bis 14 m breit. Auch bei befestigten Stadtstraßen zeigt sich ein schichtenweiser Aufbau, der häufig durch mehrfache Aufschotterungen entstand (Bild 115).

Die Hohe Straße in Köln – eine typische Einkaufsstraße unserer Zeit – verläuft exakt auf dem *cardo maximus* der alten Colonia Claudia Ara Agrippinensium/CCAA. Sie ist damit die älteste Geschäftsstraße Deutschlands.

Bild 135: Via Sacra in Rom; im Hintergrund der Triumphbogen des Titus und das Forum Romanum.

BRÜCKEN

In der römischen Geschichte ist die Brücke auch ein symbolisches Element. So führt der höchste Priester den Titel *pontifex maximus* (der höchste Brückenbauer). Diese Bezeichnung geht nach Anerkennung des Christentums als Staatsreligion auf den Papst über.

Man errichtet Holz- und Steinbrücken. Eine eindrucksvolle Beschreibung vom Bau der hölzernen Rheinbrücke zwischen Andernach und Koblenz gibt uns CAESAR in seinen Büchern *bellum gallicum* (Der Gallische Krieg) [11]. Holzbrücken sind nicht sehr dauerhaft, engen aber bei Hochwasser den Abflußquerschnitt nicht so stark ein wie Steinbrücken, die durch Unterspülung der Pfeiler stärker in Gefahr geraten können. Die meisten noch vorhandenen Steinbrücken stehen in Rom. In Deutschland und Österreich sind eine Reihe von Bauwerken bekanntgeworden (Enns bei Linz, Koblenz, Köln, Mainz, Trier u. a.), deren Reste bei niedrigen Wasserständen oder Flußarbeiten ans Tageslicht traten.

Von den heute noch benutzten Steinbrücken mögen zwei als Beispiele skizziert werden; bei ihnen bilden Naturstein und *opus caementitium* den Baustoff. Die „Engelsbrücke" in Rom (eine der neun Tiberbrücken, früher: *pons* AELIUS, Bild 136) wurde 134 n. Chr. erbaut und führt zum Grabmal HADRIANS (heute „Engelsburg"). Sie hat acht Bögen, von denen die drei mitt-

Bild 137: „Römerbrücke" in
Trier; sie trug ursprünglich
eine flache Holzkonstruktion
und liegt noch heute
unter starkem Verkehr
(Bauzeit um 140 n. Chr.).

Bild 138: „Römerbrücke" in
Ronda/Spanien; sie wurde im
Mittelalter repariert.

leren je 18,30 m überspannen. Die Brücke besticht durch ihre Schönheit und Ausgewogenheit. Von italienischen Archäologen und Ingenieuren werden gegenwärtig Untersuchungen des dort verwendeten *opus caementitium* durchgeführt.

In Trier wurde um 140 n. Chr. neben einer älteren vorchristlichen Brücke, deren Fundamente mit Pfahlrostgründung ebenfalls bekannt sind, die heutige „Römerbrücke" errichtet (Bild 137 und [17]). Sie trug ursprünglich eine flache Holzkonstruktion und erhielt im Jahre 1343 ihre Steinwölbung. Sieben der neun Pfeiler, die heute die stark befahrene Brücke tragen, sind sichtbar. Sie bestehen aus Basaltquadern. Im Zuge des Moselausbaues mußte man 1961 wegen der Sohlenvertiefung unter die Pfeiler eine neue Betongründung setzen.

Insgesamt sind mehr als tausend römische Brücken nachgewiesen; viele davon aus *opus caementitium* mit einer Schale in Quadertechnik.

TUNNEL UND DÄMME

Tunnel- oder Stollenbauten kennen wir vereinzelt bereits aus dem Altertum. Für Straßentunnel in römischer Zeit geben häufig militärische Gründe den Ausschlag. So nimmt der Straßenverkehr im Raume Neapel – Misenum unter AUGUSTUS so stark zu, daß die schmalen und gewundenen Küstenstraßen nicht mehr ausreichen und außerdem große Umwege bedeuten. Daher wird der Baumeister L. COCCEIUS von M. V. AGRIPPA mit dem Bau einiger Straßentunnel beauftragt. Ergebnisse sind mehrere kleinere Tunnel und die „Grotte des COCCEIUS", ein 1 km langer Tunnel vom Averner See nach Cumae, der gradlinig verläuft, zwei Fahrspuren hat und durch sechs Licht-

Bild 139: „El-Kantara-Damm" nach Djerba/Tunesien; der etwa 5,5 km lange römische Damm geht auf einen phönizischen Vorläufer zurück und ist auch heute noch die einzige Verkehrs- und Trinkwasserverbindung der Insel mit dem Festland.

Bild 140: Nördliches Portal des „Cocceius-Tunnels" bei Pozzuoli/Italien; der Tunnel ist rund 1000 m lang, hat zwei Fahrspuren und wird durch sechs Lichtschächte (durch die bis zu 30 m dicke Überdeckung) belüftet und beleuchtet (Bauzeit 1. Jahrh. v. Chr.).

schächte (durch die bis zu 30 m dicke Überdeckung) belüftet und beleuchtet wird (Bild 140). Eine 180 m lange Krypta im Berg von Cumae ist ihm vermutlich ebenfalls zuzuschreiben, wie auch die 200 m lange „Grotte der Sybille" am Averner See. Sämtliche Stollen sind in den dort anstehenden Tuffstein eingegraben und an vielen Stellen mit *opus reticulatum* ausgekleidet.

Ein ebenfalls sehr eindrucksvolles Verkehrsbauwerk ist der rund 5,5 km lange Damm, der die in Südosttunesien gelegene Insel Djerba mit dem Festland verbindet: der „El-Kantara-Damm". Er wurde durch mehrere Meeresrinnen gebaut, geht auf einen phönizischen Vorläufer zurück und ist auch heute noch die einzige Verkehrs- und Trinkwasserverbindung der Insel mit dem Festland (Bild 139).

MAUERN UND TÜRME

Eine Stadtmauer war auch in römischer Zeit die beste Garantie für Leben und Wohlstand der Einwohner. Gleichzeitig fiel ihr meistens eine repräsentative Aufgabe zu: Sie zeigte symbolisch die Macht des Imperium Romanum.

Nach Vitruv sollte eine Mauer so breit sein, daß zwei Bewaffnete auf der Mauerkrone unbehindert aneinander vorbeigehen können. Sie besteht aus

Bild 141: Mauer um das
römische Militärlager
Pevensy/England; die Mauer
aus römischem Beton mit
Flint- und Sandsteinschale ist
knapp 4 m dick und war etwa
8 m hoch (Bauzeit Ende
3. Jahrh. n. Chr.).

Bild 142: „Mauer des Caesar"
in Ampurias/Spanien;
der Hauptteil aus *opus
caementitium* wurde mit
Brettern eingeschalt und liegt
auf unvermörtelten Quadern;
den oberen Abschluß bildete
eine Zinnenkonstruktion
(Bauzeit etwa 40 v. Chr.).

148

dem Mauerkern (fast immer aus *opus caementitium;* Bild 141) und den Schalen, die möglichst durch Balken miteinander verankert werden sollten.

Das Fundament muß breiter als die Mauer sein und bis auf tragfähigen Boden reichen (evtl. Pfahlrostgründung). Interessant sind auch seine Ausführungen über die Lebensdauer dieser Bauwerke. Während er bei Schalungen aus weichen Bruchsteinen jährlich 1/80 des Neuwertes abzieht (d. h. geschätzte Lebensdauer 80 Jahre), vermindert er den Wert einer gut erhaltenen und senkrechten Mauer mit Ziegelverblendung nicht. Heute wissen wir, daß viele dieser Bauwerke rund zwei Jahrtausende überstanden haben und ihre Zahl weitaus größer wäre, wenn man sie nicht vorher abgebrochen hätte.

Eine weitgehend erhaltene Mauer umgibt die 700 × 300 m große römische Kolonie in Ampurias/Spanien. Diese „Mauer des CAESAR" (Bild 142) wurde kurz nach seiner Ermordung (44 v. Chr.) fertiggestellt und besteht aus drei Lagen. Die mittlere und größte Schicht aus *opus caementitium* ohne Steinverblendung (d. h. zwischen Holzschalung eingebracht) ruht auf schweren, unvermörtelten Steinblöcken und wurde oben an der Außenseite durch eine zinnenartige Konstruktion abgeschlossen. Die mittlere Schicht ist heute „hohl". Ursprünglich war dieser Hohlraum durch mörtellos verlegte Steine ausgefüllt.

Von den in Deutschland noch an mehreren Stellen vorhandenen Mauern seien die aus der Saalburg und aus Köln erwähnt. Die Saalburg im Taunus ist ein – wenn auch nicht in allen Punkten exakt – rekonstruiertes Römer-Kastell und gibt ein ausgezeichnetes Bild eines Militärlagers. Sie wird um 100 n. Chr. unter DOMITIAN als Erdkastell für etwa 100 Mann errichtet, gegen 125 n. Chr. in ein Stein-Holz-Kastell für rund 500 Mann umgebaut und erhält etwa 200 n. Chr. eine massive Mauer (Probe 3/1) und Innenbauten aus *opus caementitium.*

Die Kölner Stadtmauer [98] wird zwischen den Jahren 50 und vermutlich 69 n. Chr. erbaut; Reste sind heute noch erhalten (Bilder 143 und 144 sowie Proben 1/44 und 2/45). Sie ist 2,40 m dick, reicht bis wenigstens 7,80 m über das Fundament und besteht aus *opus caementitium*. Für die Schale verwendet man vor allem Grauwacke, daneben aber auch Basalt und Trachyt vom Drachenfels, Buntsandstein von der Mosel und Kalkstein aus Lothringen. Das Fundament zeigt gröbere Zuschläge und ist etwa 3 m breit und etwa 3 m hoch (Bild 143). Die Mauer umschließt die damalige Stadt von etwa 1 × 1 km Fläche und ist damit etwa 4 km lang. Neun Tore und neunzehn Türme gehören zum Mauersystem. Am besten ist der „Römerturm" mit einem äußeren Durchmesser von 9,20 m erhalten, der in gleicher Technik wie die Mauer errichtet wurde und eine reich geschmückte Außenschale aus farbigen Steinen zeigt (Bild 145).

Eindrucksvolle Mauerreste sind natürlich in Rom, aber auch an vielen anderen Stellen des Imperiums zu besichtigen. Rom verfügt im wesentlichen über zwei Mauersysteme [14]: Der ältere Mauerring ist unter dem Namen „Servia-

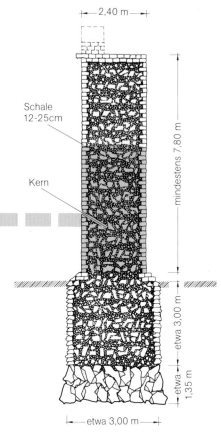

Schale
12-25cm

Kern

2,40 m

mindestens 7,80 m

etwa 3,00 m

etwa 1,35 m

etwa 3,00 m

Bild 143: Stadtmauer Köln,
Komödienstraße; man erkennt
den schichtweisen Einbau des
römischen Betons
(Bauzeit um 50 n. Chr.).

Bild 145: „Römerturm" in ▷
Köln; der am besten erhaltene
Turm der Stadtmauer
(äußerer Durchmesser 9,20 m,
Mauerdicke 2,40 m)
zeigt als Schale ein farbiges
Schmucksteinmuster
(Bauzeit um 50 n. Chr.).

Bild 144: Stadtmauer Köln,
Komödienstraße; unterer Teil
mit Turmrest und Fundament.

Bild 146: Stadtmauer Pompeji; bis zu 6 m dick und bis zu 8,50 m hoch; teilweise fehlt die Schale aus Steinblöcken.

nische Mauer" bekannt. Ihr erster Erbauer in der Mitte des 6. Jahrhunderts v. Chr. soll Servius Tullius gewesen sein. Die Mauer war bis zu mehr als 4 m dick und etwa 10 m hoch. Mit einer Länge von rund 11 km umschloß sie eine Fläche von 426 ha. Das Mauersystem wird in den folgenden Jahrhunderten ausgebessert, ergänzt und verändert.

Im Verlauf des 3. Jahrhunderts n. Chr. entsteht die „Aurelianische Stadtmauer". Kaiser Aurelianus beginnt 271 n. Chr. mit dem Bau der insgesamt knapp 19 km langen Mauer, die rund 1380 ha umschließt. Sie wird in den folgenden Jahrhunderten verstärkt und erhöht, so daß sie im Endzustand bis zu 17 m hoch anwächst. Nach weiteren Befestigungsarbeiten im Laufe des 6. Jahrhunderts soll sie insgesamt 383 Türme, 7020 Zinnen und 5 Haupttore enthalten haben.

Die Mauern von Pompeji sind 8 m bis 8,50 m hoch und bis zu 6 m dick (Bild 146). Sie bestehen auf langen Strecken aus rund 70 cm dicken *opus caementitium*-Schalen mit dazwischenliegendem Erdkern. Einige Mauertürme sind bis zu einer Höhe von etwa 10 m ebenfalls vollständig erhalten.

Ein eindrucksvoller Turmrest steht in Mainz. Der „Eigelstein" oder „Drusus-Turm" ist heute noch 22 m hoch (ursprüngliche Höhe 25 m) und wurde aus *opus caementitium* vermutlich als Denkmal für Drusus errichtet (Schwiegersohn des Augustus), der 9 v. Chr. in Germanien tödlich verunglückte.

152

THEATER UND AMPHITHEATER

Die Einrichtung des als Halbrund konstruierten Theaters mit einer abschließenden Bühnenwand (Bilder 147 bis 149) übernahmen die Römer von den Griechen. Typische Merkmale sind die in Rängen angeordneten Sitzreihen und ein ausgeklügeltes System der großzügig bemessenen Gänge (Bild 150), durch die man das Theater betrat und verließ. VITRUV befaßt sich in seinem Werk mit Fragen der Sitzraumgestaltung, der Stufengrößen, der Akustik und besonders der Ausbildung von Zu- und Abgängen.

Fügt man gedanklich zwei Theater so zusammen, daß sich ein ovalförmiger Grundriß ergibt, entsteht ein Amphitheater. Auch dieser Bauwerkstyp hängt eng mit unseren Vorstellungen von der römischen Baukunst zusammen (Bilder 151 bis 157).

Während die Vorführungen in der Frühzeit vorwiegend aus Gladiatoren- und Tierkämpfen bestehen, kommen später immer größere „Attraktionen" hinzu, wie Massen-Metzeleien zwischen Mensch und Tier und Tieren untereinander. Es sollen sogar Wasserspiele und Seeschlachten in gefluteten Arenen stattgefunden haben; hier meldet die moderne Archäologie allerdings Zweifel an. Diese Veranstaltungen werden vom heutigen „aufgeklärten" Europäer oftmals kritisiert. Angesichts unserer Film- und Fernseh-

Bild 147: Theater in Aphrodisias/Türkei mit etwa 25 000 Plätzen (Bauzeit 1. Jahrh. n. Chr.).

153

Bild 148: „Griechisches Theater" in Taormina/Sizilien (völliger Neubau des griechischen Vorläufers durch die Römer um 100 n. Chr.).

Bild 149: Theater in Aspendos/Türkei; Zuschauer-raum und sogar Bühnenbau sind weitgehend erhalten (Bauzeit 2. Jahrh. n. Chr.).

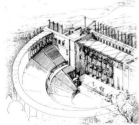

Theater in Aspendos.

154

brutalitäten in Großaufnahme, der Stierkämpfe und nicht zuletzt mancher Sportereignisse sollte man jedoch gerecht zu urteilen versuchen. Im übrigen gab es auch in der Antike massive Kritik, und die Hinrichtungen z. B. im Amphitheater Verona fanden nicht zur Römerzeit, sondern im 13. Jahrhundert durch die Inquisition statt.

Die Bauwerke verdienen in jedem Falle unsere Hochachtung. Allein die Planung der Zu- und Abgänge (für bis zu 50 000 Zuschauer), in denen möglichst keine Stauungen oder Drängeleien auftreten durften, stellt eine beachtliche Leistung dar. Die Zuschaueranlagen werden in den späteren Bauwerken durch Konstruktionen unterhalb der Arena ergänzt. Diese enthalten teilweise zwei Stockwerke (Bild 155) und zahlreiche Öffnungen im Boden der Arena. Durch diese Öffnungen können z. B. die wilden Tiere für die Kämpfe mit Hilfe von Aufzügen und Käfigen sehr schnell nach oben beför-

Bild 151: Amphitheater Pompeji/Italien; ältestes bekanntes Amphitheater; ohne unterirdische Räume; Außenmaße 140×110 m (Bauzeit um 80 v. Chr.).

dert werden. Auch die für einschlägige Vorführungen ausgesuchten Sklaven oder Verurteilten werden bis zu ihrem „Einsatz" hier untergebracht. Aus den Verliesen unter der Arena des Amphitheaters in Trier (Bild 156) liegt uns eine Reihe von Verfluchungstäfelchen vor, die die Verurteilten in ihrer nicht beneidenswerten Lage verfaßten. Es wird berichtet, daß man mit Hilfe von Maschinen ganze (Kulissen-)Landschaften aus unterirdischen Kammern hervorzaubern konnte.

Die meisten Amphitheater bestehen zu wesentlichen Teilen aus *opus caementitium* (Bild 157) mit Schalen aus Steinblöcken oder Ziegeln und hatten Vorrichtungen für riesige Sonnenzelte [39].

Eine andere Einrichtung soll ebenfalls kurz erwähnt werden: die Bahnen für Wagenrennen *(circus)*. Sie erfreuen sich neben den Vorführungen im Amphitheater mindestens der gleichen Beliebtheit wie unsere heutigen Fußballturniere. Die wohl am besten erhaltene Rennbahn liegt in Aphrodisias/Westtürkei.

Der Circus Maximus in Rom (Bild 158) hat eine 650 m lange und wie üblich etwa hufeisenförmige Bahn mit einem massiven Wall *(spina)* in der Mitte. Unter CAESAR wies der terrassenförmige Zuschauerraum einen Umfang von etwa 1,5 km auf und bot rund 100 000 Menschen Platz. Man vergrößerte ihn

156

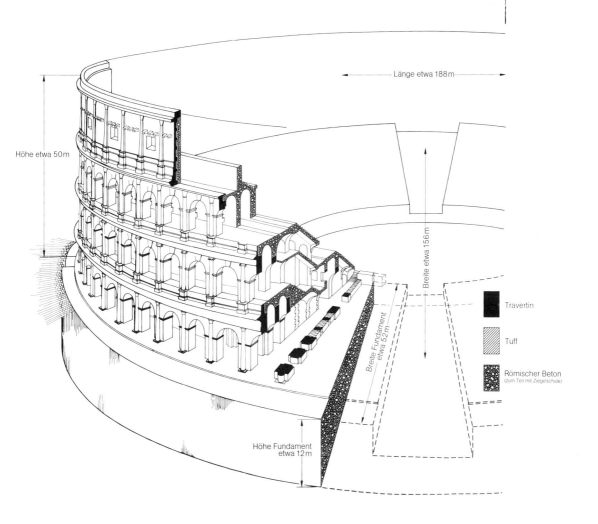

Länge etwa 188 m

Höhe etwa 50 m

Breite etwa 156 m

Breite Fundament etwa 52 m

Höhe Fundament etwa 12 m

Travertin

Tuff

Römischer Beton
(zum Teil mit Ziegelschale)

Bild 152: Kolosseum in Rom; größtes Amphitheater der Antike; Fassungsvermögen bis 50 000 Zuschauer; das Bauwerk steht wegen des schlechten Untergrundes (früherer See) auf einem mächtigen Ringfundament (Bauzeit um 80 n. Chr.).

Bild 153: Kolosseum in Rom.

157

Bild 154: Amphitheater
in Italica/Spanien;
Außenmaße 160×137 m
(Bauzeit 2. Jahrh. n. Chr.).

Bild 155: Zweistöckige
unterirdische Anlage
des neuen Amphitheaters
Pozzuoli/Italien mit 40 Zellen
für Gefangene und Raubtiere
(Bauzeit um 70 n. Chr.).

unter VESPASIAN auf etwa das Doppelte; im 4. Jahrhundert sollen noch mehr Zuschauer Platz gefunden haben.

Die Begeisterung für *panem et circenses* (Brot und Spiele) war also ganz beachtlich. Um so härter mußte eine Strafe wirken, die NERO im Jahre 69 n. Chr. über die Pompejaner verhängte. Da sich im Amphitheater Streitigkeiten zwischen den Einwohnern von Pompeji und Nuceria (ein Nachbarort) – sicherlich durch die blutrünstigen Vorführungen geschürt – in einer Massenmetzelei entluden, verfügte der Kaiser eine zehnjährige Schließung; man vermutet heute jedoch, daß nach wenigen Jahren Gnade vor Recht erging.

Wichtige Daten für einige ausgewählte Amphitheater sollen hier kurz aufgeführt werden:

POMPEJI

Ältestes der bisher bekannten römischen Amphitheater (Bild 151), etwa 80 v. Chr. erbaut, ohne unterirdische Räume; Frauen durften nach einem Erlaß des AUGUSTUS nur auf den oberen und hinteren Rängen sitzen.

Außenmaße 140×110 m
Arena   66× 35 m

Fassungsvermögen mindestens 20 000 Zuschauer.

Amphitheater Pompeji
mit Sonnenzelt;
Massenmetzelei 69 n. Chr.;
nach einem antiken Wandbild.

ROM

Kolosseum (nach einer benachbarten Statue des NERO benannt, die dem Koloß von Rhodos nachgebildet war) oder Flavisches Amphitheater (Bilder 152 und 153); Bauzeit um 80 n. Chr.; mit umfangreichen Räumen unterhalb der Arena; kurze Bauzeit wegen meisterhafter Planung des Bauablaufs einschließlich der Materialversorgung: Das Skelett für das wahrscheinlich in der 1. Bauphase dreistöckige, später vierstöckige Bauwerk besteht aus behauenen Steinen (außen Travertin, innen Tuff), die Gewölbe und oberen Innenmauern aus *opus caementitium;* dadurch gleichzeitige Arbeiten in allen Geschossen möglich; das Bauwerk steht wegen des schlechten Untergrundes (früherer See) auf einem etwa 12 m dicken und etwa 52 m breiten Ringfundament aus römischem Beton; daher keine schädlichen Setzungen; größtes Amphitheater der römischen Welt.

Außenmaße 188×156 m
Arena   79× 49 m
Umfassungsmauer 527 m lang und etwa 50 m hoch
Fassungsvermögen bis 50 000 Zuschauer.

POZZUOLI

Neues (flavisches) Amphitheater, unter VESPASIAN erbaut; vollkommen erhaltene zweistöckige Kelleranlagen mit 40 Zellen im untersten Stock (Bild 155); die Raubtierkäfige wurden unterirdisch mit Rollen befördert und mit

Bild 156: Amphitheater
in Trier; ältestes Großbauwerk
der Stadt;
Außenmaße 160×120 m
(Bauzeit um 100 n. Chr.).

Bild 157: Bogenkonstruktion
aus *opus caementitium*
im Amphitheater
El Djem/Tunesien (Bauzeit
Ende 2. Jahrh. n. Chr.).

Bild 158: Circus Maximus
in Rom;
Zustand im 1. Jahrh. n. Chr.
mit Plätzen für etwa
200 000 Zuschauer.

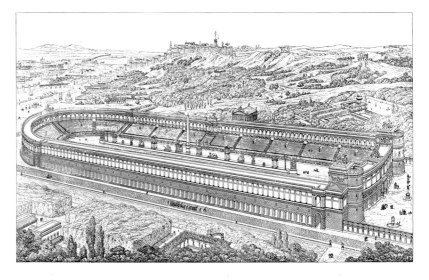

Hebezeugen (Gegengewicht) in die Arena gebracht; dafür zahlreiche verschließbare Öffnungen.

Außenmaße 149×116 m
Fassungsvermögen 35 000 bis 40 000 Zuschauer.

ITALICA (bei Sevilla/Spanien)

war Heimatstadt der Kaiser Trajan und Hadrian; in der Kaiserzeit bedeutendes Handelszentrum; Amphitheater aus dem 2. Jahrhundert n. Chr.; über- und unterirdisch relativ gut erhalten (Bild 154).

Außenmaße 160×137 m
Fassungsvermögen 25 000 Zuschauer.

TRIER

Ältestes Großbauwerk der Stadt (Bild 156), etwa 100 n. Chr. erbaut (Probe 10/14), unter der Arena kreuzförmiger Keller.

Außenmaße 160×120 m
Arena   75× 50 m

Fassungsvermögen mindestens 20 000 Sitzplätze.

VERONA

Das um 50 n. Chr. errichtete Amphitheater hatte ursprünglich Außenmaße von 152×123 m; durch Erdbeben mehrfach beschädigt; in römischer Zeit fanden Gladiatorenkämpfe und Tierhatzen statt, jedoch keine Hinrichtungen von Christen; heute ist die Arena vor allem durch sommerliche Opernaufführungen bekannt.

Heutige Außenmaße 138×109 m
Arena   74× 44 m

Fassungsvermögen 22 000 Zuschauer.

NÎMES

Besterhaltenes römisches Amphitheater; Bauzeit 1. Jahrhundert n. Chr.; in renoviertem Zustand heute noch genutzt für Theateraufführungen und Stierkämpfe.

Außenmaße 132×101 m
Arena   69× 39 m

Fassungsvermögen mindestens 20 000 Zuschauer.

Ähnliche Angaben gelten für das Amphitheater in Arles.

WOHN- UND GESCHÄFTSHÄUSER

Der Grundtyp des römischen Hauses entwickelt sich aus der einstöckigen ländlichen Wohnung. Hitze und Lärm führen zu einer Wohnform, die sich nach innen orientiert und außen meistens Mauern fast ohne Fenster vorweist. Neben einfachen Bauwerken dieser Art entstehen mit zunehmendem Wohlstand auch luxuriöse Landsitze und vergleichbare Stadthäuser.

Das pompejanische Atriumhaus ist ein typisches Beispiel (Bild 159). Durch einen kleinen Eingangsflur betritt man das oben offene Atrium (Bild 160) mit den daran anschließenden Wohnräumen; es enthält in der Mitte ein Auffangbecken für Regenwasser *(impluvium)*, das von dort in eine Zisterne geleitet wird. Vom Atrium aus gelangt man in den Versammlungsraum der Familie *(tablinum)*. Dahinter liegt das von den Griechen übernommene *peristylium* (Bild 161), der mit einem Säulengang umrahmte Hausgarten, um den sich weitere Wohn- und Eßräume *(triclinium*, Bild 162) gruppieren. Das Ganze umschließt eine hohe Mauer, die zur Straße bisweilen enge und hohe Schlitze aufweist.

Bild 159: „Haus der Vettier" in Pompeji/Italien; typisches pompejanisches Wohnhaus wohlhabender Bürger mit reichen Wandmalereien (Anfang 1. Jahrh. n. Chr.) und einem Peristyl; siehe auch Bilder 161 und 185.

1   Eingang
2   Atrium
2a Kleines Atrium
3   Peristyl
4   Repräsentationsräume
5   Großes Speisezimmer
6   Frauengemächer
7   Küche

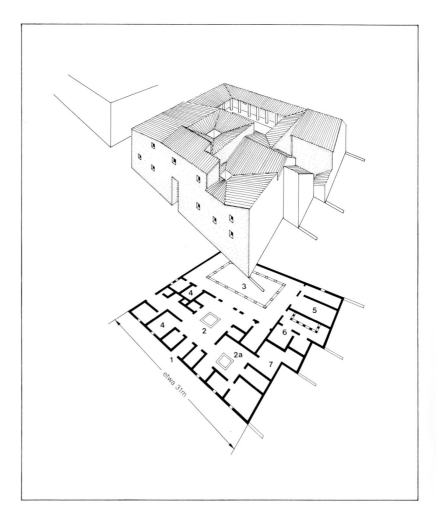

🔲🔲🔲🔲🔲🔲🔲🔲🔲🔲🔲🔲🔲🔲🔲🔲🔲🔲🔲🔲🔲🔲🔲🔲🔲🔲🔲🔲🔲🔲🔲🔲🔲🔲🔲

TISCHSITTEN

Der Diener wasche und trockne dem Gast die Füße ab; ein Tuch schütze die Kissen (der Liegebank); gib acht auf unsere Tücher.

Entferne den lüsternen Blick von der Frau anderer und sieh sie nicht mit begehrlichen Augen an; sei keusch im Reden.

Hüte Dich vor Zorn und Beschimpfung, wenn es Dir möglich ist; wenn nicht, kehre in Dein Haus zurück.

Wandinschriften im Speiseraum der „Casa del Moralista" in Pompeji nach A. MAIURI

🔲🔲🔲🔲🔲🔲🔲🔲🔲🔲🔲🔲🔲🔲🔲🔲🔲🔲🔲🔲🔲🔲🔲🔲🔲🔲🔲🔲🔲🔲🔲🔲🔲🔲🔲

163

Bild 161: Peristyl im „Haus der
Vettier" in Pompeji/Italien,
siehe Bild 159;
Bewässerungsleitungen aus Blei
sind noch vorhanden;
ebenso fand man im Boden
die Wurzellöcher
der antiken Bepflanzung.

Bild 162: Eßraum (*triclinium*)
in einem Haus
in Pompeji/Italien.

Andererseits ist auch – besonders in landschaftlich reizvollen Gegenden –
der Wunsch nach Einbeziehung der Umwelt zu erkennen. Herkulaneum
z. B. liegt in abschüssigem Gelände (Bild 163) und bietet den unvergleich-
lichen Blick auf den Golf von Neapel, jenes Kleinod der Landschaft Kampanien, die man ohnehin als *campania felix* (glückliches Kampanien) bezeichnet. Viele Hauseigentümer verfügen daher über eine Terrasse, auf der sie sich
über Mittag für einige Stunden der Muße hingeben können. Mit dieser Art
von Muße (lateinisch: *otium*) meint der kultivierte Römer jedoch die „schöp-
ferische Muße", die etwa eine literarische Beschäftigung oder ein Gespräch
mit Freunden im Angesicht dieser farbenprächtigen südlichen Landschaft
bedeutet.

Die beschriebenen Grundformen der Wohnung werden je nach Vermögen des Besitzers und der allgemeinen Situation auf dem Wohnungsmarkt abgeändert. Während man in Pompeji und Herkulaneum viele Häuser mit einem leichten Oberstock versieht (meistens in Fachwerkbauweise erstellt, Bild 164), baut man später z. B. in Rom und Ostia regelrechte Mietshäuser (Bilder 165 und 166). Die Wohnungen in solchen Häusern bestehen häufig aus nur einem Raum. In Rom liegen bis zu 25 Wohnungen in einem Stockwerk und bis zu 150 in einem Haus.

Die technische Voraussetzung für derartige „Hochhäuser" wird durch die Anwendung des *opus caementitium* und des (gebrannten) Ziegels erfüllt, die

Bild 163: Herkulaneum/Italien wurde bis zu mehr als 20 m von einer Lava- und Schlammschicht bedeckt; im Vordergrund Villen mit großzügigen Terrassen; im Hintergrund der heutige Ort Resina, der über dem größten Teil des antiken Herkulaneum liegt.

165

Bild 164: Geschäftsstraße
in Pompeji/Italien
(Via dell' Abbondanza)
mit zweistöckigen Häusern;
die Läden lagen im Erdgeschoß,
die Wohnräume
im ersten Stock.

den Tuffstein allmählich verdrängen. Die Entwicklung geht vom Einzelhaus *(domus)* zum Wohnblock *(insula)*, so daß eine Übersicht über das Rom des 3. Jahrhunderts n. Chr. nur 1797 Häuser im Domus-Stil, aber 46 602 als *insulae* aufführt.

Die Außenflächen der Häuser sind meistens verputzt und erhalten einen Farbanstrich oder eine Steinimitation. In Ostia läßt man dagegen die Außen-

MEHRSTÖCKIGE WOHNHÄUSER

Die Staatsgesetze erlauben nicht, daß bei gemeinschaftlichen Mauern größere Mauerdicken als eineinhalb Fuß gebaut werden. . . . Mauern aus (Luft-) Ziegeln aber können wohl bei einer Dicke von zwei oder drei Ziegellängen, nicht aber bei einer Dicke von nur eineinhalb Fuß mehr als ein Stockwerk tragen. . . . Da einstöckige Häuser die vielen in der Stadt lebenden Menschen nicht aufnehmen können, war man gezwungen, in die Höhe zu bauen. Das geschah unter Zuhilfenahme von Steinpfeilern sowie von Mauern aus gebrannten Ziegeln oder aus römischem Beton. Da so das Fassungsvermögen der Stadtmauern durch mehrstöckige Bauwerke vervielfältigt wurde, hat das römische Volk ohne Schwierigkeit ausgezeichnete Wohnungen.

VITRUV

Bild 165: Unterer Teil eines
mehrstöckigen Hauses
in Ostia/Italien
(„Haus der Diana"); römischer
Beton mit Ziegelschale.

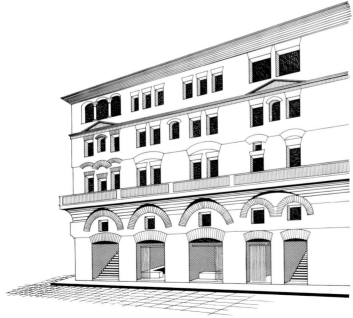

Bild 166: Rekonstruktion eines
mehrstöckigen Hauses
in Ostia/Italien.

schale aus Ziegeln auch unverputzt und lockert sie optisch durch Schmuck-
elemente aus Travertin, Tuff oder Bims auf.

Römische Wohnungen sind für unsere Begriffe nur spärlich mit Mobiliar
ausgestattet, haben aber meistens sorgfältig verputzte und manchmal mit
Gemälden versehene Wände (Bild 25). Man heizt mit einem Holzkohlen-
feuer in offenen Bronzeschalen, mit tragbaren Bronzeöfen oder mit einer
Fußbodenheizung. Zu den reicher ausgestatteten Wohnungen gehören
nicht selten Säulenhallen. Dabei ist es nicht notwendig, daß diese Symbole
der Pracht aus massivem Marmor bestehen; ein Kern aus *opus caementitium*
mit Marmorputz erfüllt den gleichen Zweck und kostet nur einen Bruchteil.
Da der Marmor wie auch seine Imitation meistens farbig gestrichen werden,
konnte nicht einmal der Fachmann visuell einen Unterschied feststellen.

Augustus begrenzt die Höhe der inzwischen bis auf zwölf Stockwerke ange-
wachsenen Häuser auf 70 Fuß (knapp 21 m, also maximal sieben Stockwerke), Trajan später auf 60 Fuß (knapp 18 m). Diese Entwicklung zu einer
höheren Grundstücksausnutzung ist eine Folge der ständig steigenden Ein-
wohnerzahlen, Grundstückspreise und anderer Ursachen. In der Stadt kann
man mit weniger Arbeit mehr Geld verdienen als in dörflichen Siedlungen,
und man kommt vor allem in den Genuß der reichlich angebotenen Zer-
streuungen und nicht seltenen öffentlichen Speisungen. Wollte ein Politiker
Karriere machen, so waren neben seiner Herkunft, seinem Vermögen und
seiner Eignung meistens Stiftungen, üppig ausgestattete Wagenrennen,
Spiele im Amphitheater oder sonstige Vergünstigungen für den Bürger
Voraussetzung.

Aber auch für andere Abwechslungen ergibt sich in der Stadt ein weites Feld:
Es wimmelt von Läden (Bild 167), Schänken (*caupona*; Ursprung für das
Wort Kneipe) und den mit Thermopolium (Bild 168) bezeichneten Einrichtungen (am besten mit Garküche oder dem heutigen italienischen Begriff
Trattoria zu übersetzen). In Pompeji stieß man bei den Ausgrabungen auf
ein fast vollkommen erhaltenes Thermopolium; die Archäologen fanden
nicht nur sämtliche Geräte, Wechselgeld und eine noch hängende Lampe,

STAATSVERSCHULDUNG, BEHÖRDEN-ARROGANZ
UND SOZIALE HÄNGEMATTE

*Der Staatshaushalt muß ausgeglichen sein. Der Staatsschatz sollte wieder aufgefüllt
werden. Die öffentlichen Schulden müssen verringert werden. Die Arroganz der
Behörden muß gemäßigt und kontrolliert werden. Die Zahlungen an ausländische
Regierungen müssen reduziert werden. Wir sollten wieder lernen zu arbeiten, statt auf
öffentliche Rechnung zu leben.*

M.T. Cicero (Redner, Politiker
und Schriftsteller, lebte
106 bis 43 v. Chr.).

M. T. CICERO

sondern an der Wand auch die Namen dreier Serviererinnen, die den Gästen nicht nur Speisen und Getränke anzubieten hatten. Von einem anderen Haus wissen wir, daß es eine Kombination aus Spielbank und Stundenhotel darstellte.

Auch das Freudenhaus *(lupanar)* (Bild 169) ist selbst in kleineren Städten nicht nur eine öffentliche, sondern auch eine allgemein bekannte Einrichtung. In Pompeji wurden bis heute sieben dieser Etablissements ausgegraben. Sprachschwierigkeiten geht man z. B. dadurch aus dem Wege, daß über jeder Zimmertür Wandgemälde auf die besonderen Fähigkeiten der darin residierenden Liebesdienerin hinweisen (Bild 170).

Bild 169: Freudenhaus
(*lupanar*) in Pompeji/Italien;
der Balkon im Oberstock
diente als Korridor für die fünf
in diesem Stock liegenden
Zimmer; im Erdgeschoß liegen
ebenfalls fünf Zimmer;
über jeder Zimmertür weisen
Wandgemälde auf die
speziellen Fähigkeiten
der Freudenmädchen hin.

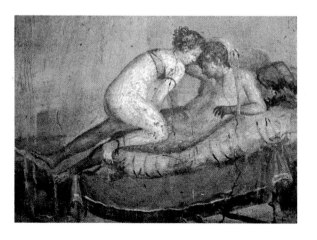

Bild 170: Wandgemälde in
einem Freudenhaus
in Pompeji/Italien.

An einigen Wohnhäusern sind Phallus-Symbole als Reliefs oder Malereien angebracht. Diese manchmal fälschlich als Hinweisschilder zum *lupanar* gedeuteten Zeichen sollen aber gegen Neid, Unglück und bösen Blick schützen. Wie ungeniert man im übrigen über Fragen der Sexualität dachte, zeigen z. B. Kinderspielzeuge im Römisch-Germanischen Museum Köln: Ein Miniatur-Hühnerhof mit Spielfiguren enthält auch Hahn und Henne bei einer Tätigkeit, ohne die ein Fortbestehen ihrer Art nicht möglich wäre.

Meisterwerke römischer Kunst sind uns aus den Bereichen Wandmalerei (Bild 25), Bodenmosaik, Plastik und Glasbläserei überliefert. Voraussetzung für die beiden ersteren Gattungen sind die bereits beschriebenen Techniken für Estriche und Putze. In den meisten künstlerischen Dingen waren die Römer Schüler der Griechen.

Viele berühmte griechische Statuen regten zu römischen Kopien an. Für uns ergibt sich heute daraus der unschätzbare Vorteil, daß wir einige (fehlende) griechische Originale wenigstens aus römischen Kopien kennen. Während griechische Künstler vor allem edle und idealisierte Gestalten schufen, haben ihre römischen Schüler uns auch durchaus schrullige und deftige Skulpturen hinterlassen. So fand ein begüterter Bürger aus Herkulaneum nichts dabei, den höchsten Stadtgott Herkules in volltrunkenem Zustand abbilden zu lassen.

HALLEN UND RUNDBAUTEN

Aus der Vielzahl römischer Bauwerke ragen besonders die überwölbten Großbauten hervor. Gewölbe waren bereits in Mesopotamien um 4000 v. Chr. bekannt. Eine der ältesten Formen ist das sogenannte unechte Gewölbe. Hierbei läßt man jede Steinlage etwas über die darunterliegende überkragen; dadurch ergibt sich eine mehr oder weniger spitze Öffnung. Ein weiterer Schritt sind keil- oder trapezförmig bearbeitete Quader, die mörtellos geschichtet werden (Bild 68 a). Als neue Dimension dieser Entwicklung wurden die Kuppel-, Tonnen- und Kreuzgewölbe aus römischem Beton bereits erwähnt.

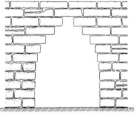

Unechtes Gewölbe.

Bei großen Kuppelgewölben findet sich häufig ein „Gerippe" aus Ziegeln im Inneren der Konstruktion (Bild 1). Manchmal bleibt dieses Gerippe an der Unterseite der Kuppel sichtbar und dient – wie die schon vorher bekannte hölzerne Kassettendecke – gleichzeitig als gestalterisches Element. Alle römischen Gewölbe wurden nach unserer heutigen Kenntnis über einer Holzschalung errichtet.

Einer der ersten größeren Bauwerkskomplexe mit konsequenter Anwendung von Gewölben aus *opus caementitium* ist der Goldene Palast *(domus aurea)* des Kaisers Nero (54 bis 68 n. Chr.). Diese Residenz liegt mit Park und einem künstlichen See (späterer Standort des Kolosseums) im Stadtgebiet

Bild 171: Achteckiger Kuppelsaal des Goldenen Palastes
(*domus aurea*) von NERO;
erster größerer Baukomplex
mit konsequenter Anwendung
von Kuppeln, Tonnen- und
Kreuzgewölben aus *opus
caementitium* (Bauzeit
Mitte 1. Jahrh. n. Chr.).

Grundriß des achteckigen
Kuppelsaals.

Roms und umfaßt eine Fläche von acht bis neun Hektar. Besonders ein-
drucksvoll ist der achteckige Kuppelsaal mit Rundöffnung (Bild 171) sowie
mit Vergoldung und reichem Marmor- und Mosaikschmuck. Große Teile
des Goldenen Palastes verschwinden jedoch bereits nach 40 Jahren unter
dem Neubau der TRAJANS-Thermen.

Nördlich der Alpen errichtet KONSTANTIN um 310 n. Chr. die Basilika in
Trier (Königshalle oder Palastaula; typischer Profanbau der Griechen und
Römer, in dem kaiserliche Empfänge, Gerichtsverhandlungen, Börse usw.
stattfanden). Das 33 m hohe und 75×27 m große Gebäude steht mit seinen
2,70 m dicken Mauern auf einem etwa 4 m breiten Fundament aus *opus
caementitium* (Proben 11/4 und 12/9). Durch eine regelbare Fußboden- und
Wandheizung brauchen der Kaiser und sein Hof auch im Winter nicht auf
angenehme Temperaturen zu verzichten. Die in alter Form wieder aufgebaute Basilika dient heute der evangelischen Gemeinde als Kirche (Bild 172).

Das „großartigste Monument des Forums" in Rom [89] ist die MAXENTIUS-
oder KONSTANTINS-Basilika, die mit ihrer ursprünglichen Grundfläche von
etwa 100×60 m fast das Dreifache der Trierer Basilika erreicht und wohl der
größte überdachte Raum der Antike war. MAXENTIUS begann das Riesen-
monument, und KONSTANTIN, sein Konkurrent als Thronfolger, vollendete
es, nachdem er seinen Widersacher 312 n. Chr. besiegt hatte. Die MAXENTIUS-

Bild 172: Basilika in Trier; die Ruine wurde in alter Form wieder aufgebaut; das 33 m hohe Gebäude mit Wand- und Fußbodenheizung hat eine Grundfläche von 75×27 m und ein 4 m breites Fundament aus *opus caementitium* (Bauzeit um 310 n. Chr.).

Bild 173: Restliches Seitenschiff der MAXENTIUS-Basilika in Rom; die Grundfläche des Gesamtbauwerks aus *opus caementitium* betrug rund 100×60 m (Bauzeit Anfang 3. Jahrh. n. Chr.).

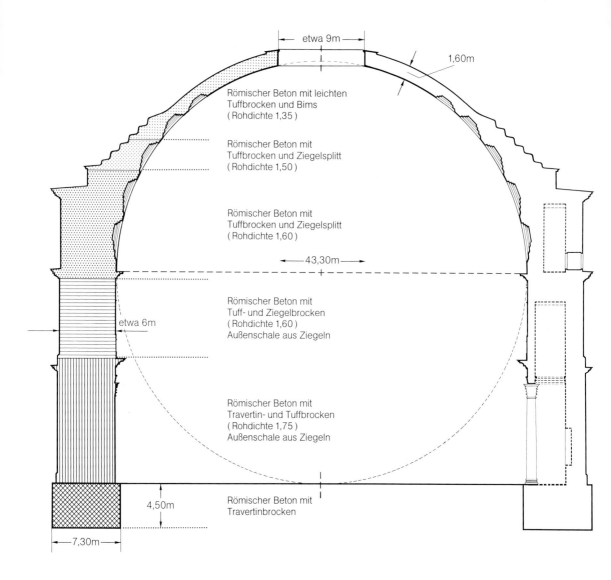

etwa 9m

1,60m

Römischer Beton mit leichten
Tuffbrocken und Bims
(Rohdichte 1,35)

Römischer Beton mit
Tuffbrocken und Ziegelsplitt
(Rohdichte 1,50)

Römischer Beton mit
Tuffbrocken und Ziegelsplitt
(Rohdichte 1,60)

43,30m

Römischer Beton mit
Tuff- und Ziegelbrocken
(Rohdichte 1,60)
Außenschale aus Ziegeln

etwa 6m

Römischer Beton mit
Travertin- und Tuffbrocken
(Rohdichte 1,75)
Außenschale aus Ziegeln

4,50m

Römischer Beton mit
Travertinbrocken

7,30m

Bild 174: Pantheon in Rom;
dieses eindrucksvollste
Ingenieurbauwerk der Antike
überspannt mit einer Kuppel
aus römischem Leichtbeton
die nie vorher gewagte Weite
von rund 43 m; die erste
Fassung des Bauwerks von
AGRIPPA (27 v. Chr.) wird nach
zweimaliger Zerstörung von
HADRIAN um 120 n. Chr.
neu errichtet.

Basilika gliedert sich in ein breites Mittel- und zwei Seitenschiffe, die ebenso wie das 35 m hohe Kreuzgewölbe aus *opus caementitium* bestanden; heute ist lediglich das nördliche Seitenschiff erhalten (Bild 173). Die Ruine läßt jedoch noch die ursprünglichen Abmessungen ahnen.

Eines der eindrucksvollsten Bauwerke der Menschheitsgeschichte ist das Pantheon in Rom (Bilder 174 bis 176). Durch ihre Meisterschaft in der Beherrschung von Gewölbekonstruktionen erreichen die römischen Baumeister eine Freiheit der Raumgestaltung, die der bisherigen Steinarchitektur fremd war.

Die erste Fassung des Pantheons – vermutlich eine Hallenkonstruktion – wird 27 v. Chr. von M. V. AGRIPPA errichtet und war als Hauptgebäude seiner Thermen gedacht. Nach Blitzeinschlag (22 n. Chr.) und Feuersbrunst (80 n. Chr.) baut TITUS das Pantheon wieder auf. Unter TRAJAN wird es 110 n. Chr. erneut durch Blitzeinschlag beschädigt. HADRIAN – einer der

174

gebildetsten und kunstsinnigsten römischen Kaiser sowie zweifellos der bedeutendste Bauherr – läßt (vermutlich durch APOLLODORUS von Damaskus) von 115 bis 126 n. Chr. den heutigen Bau erstellen und bringt als noble Geste den Namen des ersten Erbauers, nämlich M. V. AGRIPPA, wieder über dem Eingang an. Seit dieser Zeit finden nur noch unwesentliche Veränderungen und Ausbesserungen an diesem allen Göttern geweihten Tempel (Pantheon) statt. Den ausgezeichneten Erhaltungszustand verdanken wir der Tatsache, daß 609 n. Chr. Papst BONIFAZ III. das Bauwerk übernahm und in eine Kirche umwandelte.

Man betritt das Pantheon durch eine tempelartige Vorhalle nach griechischer Konzeption. Der gewaltige Rundbau besteht aus einer exakt halbkugelförmigen Kuppel mit einem Durchmesser von etwa 43 m (häufigste Maßangabe: 43,30 m), die auf einem Zylinder mit der Höhe des halben Durchmessers aufliegt. Dieser Zylinder ist eine rund 6 m dicke Konstruktion aus *opus caementitium* (mit Ziegelschale) mit zellenartig ausgesparten Räu-

Bild 175: Kuppel des Pantheon in Rom; sie zeigt ein Kassettenmuster sowie eine runde Öffnung von etwa 9 m Durchmesser; durch die zentrale Beleuchtung scheint die Kuppel trotz ihrer Größe zu schweben.

Pantheon in Rom.

men. Sie steht auf einem 7,30 m breiten und 4,50 m hohen Ringfundament aus *opus caementitium*.

Die Kuppel zeigt innen ein Kassettenmuster (Bild 175), ist im oberen Bereich etwa 1,60 m dick und weist eine runde Öffnung von fast 9 m Durchmesser auf. Wie wir aus Untersuchungen wissen[1], läßt die Konstruktion aus römischem Leichtbeton deutlich drei Bereiche mit verschiedenen Zuschlägen erkennen (Bild 174): In der unteren Zone verwendet man Tuffbrocken und Ziegelsplitt, in der mittleren leichtere Tuffbrocken und Ziegelsplitt und in der oberen leichte Tuffbrocken und Bims. Dieser Kunstgriff bringt eine Anpassung an die wechselnden statischen Druckverhältnisse und hält durch das geringere Gewicht der Leichtzuschläge das Kuppelgewicht und damit den Horizontalschub möglichst klein.

D. THODE hat die Lastabtragung im Bauwerk einschließlich der größten auftretenden Pressungen untersucht [100]. Für die Rohdichte der drei Kuppelbereiche benutzte er die Werte 1,60, 1,50 und 1,35 kg/dm³ (heutiger Beton ohne Bewehrung: etwa 2,3); er stellte außerdem fest, daß die Konstruktion große Festigkeitsreserven aufweist und daß in der gesamten Kuppel nur Druckkräfte auftreten. Daher ist das Pantheon auch weitgehend erdbebensicher.

---

[1] [14], [21] und [100].

Die eindringliche Wirkung des Rundbaus erwächst wohl aus der Kombination der beiden archaischen Körperformen Kugel und Zylinder sowie den gewaltigen Abmessungen; durch die zentrale Lichtöffnung scheint die Kuppel trotz ihrer Größe zu schweben. Außerdem läßt dieser antike Großbau – wie kaum ein anderer – noch heute die Intention des Erbauers voll erleben: Harmonie von Raum, Licht und Farbe.

Berühmte Nachfahren des Pantheons sind die Hagia Sophia im heutigen Istanbul und der Petersdom in Rom; beide bleiben in den Kuppelabmessungen jedoch hinter ihrem Vorbild zurück.

RATIONALISIERUNG

Heute verbinden wir mit dem Begriff Rationalisierung moderne Produktionsmethoden, bei denen man mit gleichem Aufwand ein besseres Ergebnis oder das gleiche Ergebnis mit geringerem Aufwand erreicht.

Solche Überlegungen können auch als typisch römisch angesehen werden. Das scheint um so erstaunlicher, als die Antike für unsere Begriffe meistens verschwenderisch mit der menschlichen Arbeitskraft umging und Handarbeit – vor allem von den Griechen – als etwas Minderwertiges angesehen wurde; sie war allenfalls gut für Handwerker und Sklaven. Andererseits ist die Wiederverwendung von Bauteilen (Spolien) seit Menschengedenken und auch in der Antike üblich. Vielfach benutzt man Säulen und Marmorteile für neue Mauern (Bild 177), Zisternen und sogar Hafenmolen (Bild 178). In der Nähe von Aspendos geben die exakt gearbeiteten quadratischen Steinrohre der Druckleitung eine erstklassige Außenschale für ein römisches Brückenwiderlager ab.

Bild 177: Beim Bau des Johanniter-Kastells in Bodrum/Türkei (früher: Halikarnassos) um 1450 verwendete man für Türme und Mauern zahlreiche Bauteile – auch Marmorsäulen – des Mausoleums (eines der sieben Weltwunder).

Bild 178: Für die Molen des Hafens von Side/Türkei (Bauzeit 2./3. Jahrh. n. Chr.) wurden zahlreiche Steinblöcke früherer Großbauten verwendet, auch Marmorfriese (Vordergrund links).

Noch größere Bedeutung hat die spätere Benutzung griechischer und römischer Großbauten als bequeme „Steinbrüche". Ein groteskes Beispiel bildet der Pergamon-Altar. Der deutsche Gelehrte und Straßenbauer C. HUMANN ist um 1870 in der Westtürkei tätig und traut eines Tages seinen Augen nicht, als ein Bauer auf seinem Eselskarren ein herrliches Marmor-Relief in die Kalkbrennerei transportieren will. Dieses Relief gibt den Anstoß zu systematischen Grabungen durch die Berliner Museen, die eines der großartigsten Kunstwerke ans Licht fördern.

Es wurde bereits erwähnt, daß die Entwicklung des *opus caementitium* als Musterbeispiel für Rationalisierung gelten kann: sie führte außer zu Verbilligung und schnellerem Baufortschritt sogar zu neuen Bauweisen (Tonnengewölbe, Kuppel).

178

Die Verwendung von verschiebbaren Schalungen für Wasserleitungs-Quer-
schnitte („Schal-Wagen") aus römischem Beton sowie beispielsweise für
Reparaturen an Aquädukt-Pfeilern in Tunesien (Bild 179) gehören ebenfalls
dazu wie auch der Ersatz der sonst aufgemauerten Einzelziegel für Hypo-
kaust-Pfeiler durch große Ziegelsäulen aus einem Stück. Im Wasserbau werden „Beton"-Rohre als Fertigteile entwickelt, die höhere Drücke als Ziegel-
oder Bleirohre aufnehmen können und die ebenfalls verwendeten Rohre aus
Naturstein als Vorbild benutzen. Im archäologischen Museum in Metz/
Frankreich sind mehrere Fundstücke ausgestellt (Bilder 180 und 181). Sie
haben eine quadratische Außenform von etwa 21×21 cm, einen Rohrdurch-
messer von 6 bis 8 cm und eine Länge von drei Fuß (etwa 95 cm). Die Dichtung der Rohrstöße wird durch einen Falz erleichtert.

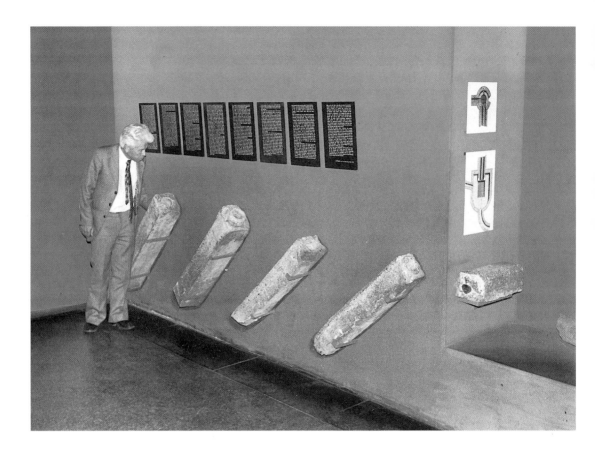

Bild 180: Wasserrohre aus
„Beton"-Fertigteilen im
Archäologischen Museum
Metz/Frankreich; sie haben
eine quadratische Außenform
von etwa 21×21 cm,
einen Innendurchmesser von
6 bis 8 cm und eine Länge
von etwa 95 cm
(Bauzeit 2. Jahrh. n. Chr.).

Noch spektakulärer sind „Beton"-Fertigteile für Hafenmolen, die VITRUV
bereits beschreibt (S. 114): Man errichtet sie auf Schalungskonstruktionen,
von denen sie sich nach dem Erhärten ins Wasser kippen lassen (Bild 102).
Ein exaktes Abkippen dieser Art dürfte in der Praxis allerdings erhebliche
Schwierigkeiten bereiten. Es ist daher zu fragen, ob VITRUV hier nicht theo-
retische Überlegungen angestellt hat. Große Fertigteile hätten sich nämlich
auch mit schwimmendem Gerät verlegen lassen. „Beton"-Fertigteile unter-
schiedlicher Größe wurden in mehreren Fällen nachgewiesen (Beispiele:
Hafen in Side/Südtürkei, Hafen in Pozzuoli/Italien).

Bild 181: Rohre aus römischem
Beton, siehe Bild 180;
Falze erleichtern die
Dichtung der Rohrstöße;
das rechte Fertigteil enthält
im Inneren ein Metallrohr.

In dieser Reihe sind auch die beiden anderen von VITRUV beschriebenen Verfahren zu nennen: das Betonieren unter Wasser (Bild 100) und die Kastenfangedamm-Methode (Bild 101). Beim Unterwasser-„Beton" werden hölzerne Schalwände mit Hilfe von Pfählen ins Wasser gebaut und der römische Beton in das so entstandene wassergefüllte Becken geschüttet (S. 118). Der Beton muß hierfür allerdings hydraulische Eigenschaften besitzen. Beim zweiten Verfahren stellt man aus Brettern und Balken einen doppelwandigen Kasten im Wasser her. Die Doppelwand wird durch Lehm und Schilf so gedichtet, daß man anschließend den Kasten leerpumpen und auf dem trockengelegten Meeres- oder Flußboden in üblicher Weise bauen kann (S. 118). Dieses Verfahren wurde ebenfalls in mehreren Fällen nachgewiesen (z. B. Trier, Side/Südtürkei, Ostia/Italien). Eine andere Vereinfachung bedeutete die Versenkung stein- oder betongefüllter abgängiger Schiffe als Fundament für Molen, die bereits erwähnt wurde (Molen Ostia).

Auch aus dem Hochbau gibt es bemerkenswerte Beispiele zum Thema Rationalisierung. Hier bedürfen dickere „Beton"-Bauten einer sehr massiven Schalungskonstruktion, verbrauchen also viel Holz. Die römischen Baumeister lösen daher ein Gewölbe in zwei übereinanderliegende Konstruktionen auf. Als erster Schritt wird ein relativ dünnes Gewölbe über einer dann nur leichten Holzschalung errichtet. Nach dem Erhärten folgt als zweiter Schritt der obere Teil, für den der untere bereits als Schalung mitwirkt. Auf diese Weise läßt sich der Holzverbrauch wesentlich verringern.

Ein anderes Problem sind die hohen Kuppelgewichte, die normalerweise durch eine entsprechend dicke oder mit Pfeilern verstärkte Mauer aufgenommen werden müssen. Außer der bereits erwähnten Verwendung leichter Zuschläge taucht ein anderer überraschender Gedanke auf. Man baut in

---

RÖMISCHER „STAHLBETON"

(Das antike Noricum – heute Kärnten – war wegen seiner Eisenvorkommen berühmt; man stellte sogar einen „Naturstahl" her. In der „Stadt auf dem Magdalensberg" bei Klagenfurt wurde u. a. ein „Repräsentationshaus" mit Hypokaust-Anlage ausgegraben. Diese erhielt ihre Heißluft wie üblich durch Heizkanäle.)

... die Decke des Heizschlauches wurde aus Gußzement gebildet, der in bisher für die Antike noch nicht nachgewiesener Weise von eisernen Querbändern verstärkt wurde, also die früheste bisher nachgewiesene Anwendung von armiertem Beton!

C. PRASCHNIKER

... auch sonst wurde Eisen verwendet. An der Rückseite der Lehnenbruchstücke befinden sich tiefe Eindrücke mit Rostspuren, die die Verwendung von eisernen Klammern zur Befestigung der Lehne in der Mauer zur Ursache haben.

H. VETTERS

(Die Eiseneinlagen des Heizkanals sind 2 bis 3 cm breit und 0,4 bis 0,6 cm dick; als Bauzeit wird etwa 15 n. Chr. angegeben.)

Bild 182: Zur Gewichts-
verkleinerung wurden
Tonkrüge in Kuppel-
konstruktionen eingebaut:
Ruine des Grabmals der
Kaiserin HELENA in Rom,
heute Torre Pignattara genannt
(Bauzeit um 300 n. Chr.).

Bild 183: Rekonstruktion eines
römischen Krans
(heutiger Standort:
Archäologischer Park Xanten).

die Kuppeln zahlreiche Tonkrüge ein, verwendet also gewissermaßen den leichtesten Baustoff, nämlich die Luft. Beispiele sind die Torre Pignattara (Turm der Krüge; Grabmal der HELENA, Mutter des Kaisers KONSTANTIN; Bild 182) an der Via Labicana in Rom und die Gereonskirche in Köln.

Kaum bekannt ist die Tatsache, daß römische Ingenieure auch bereits das Prinzip unseres heutigen Stahlbetons verwirklichten. In der Nähe von Klagenfurt/Österreich liegt die antike „Stadt auf dem Magdalensberg". Dieses keltische Handelszentrum gerät im ersten vorchristlichen Jahrhundert unter römische Okkupation. Das damalige Gebiet Noricum ist wegen seiner Eisenvorkommen berühmt, man stellt sogar einen „Naturstahl" her.

Bald entsteht ein Großhandelsplatz mit Forum, Tempeln und sonstigen öffentlichen und privaten Bauten. Im „Repräsentationshaus" (heute Mu-

Bild 184: Baukran mit Tretrad-Antrieb auf dem Haterier-Relief in Rom (Anfang 2. Jahrh. n. Chr.).

183

seum) befindet sich eine Hypokaustanlage, die wie üblich durch Heizkanäle versorgt wurde. Und das Bemerkenswerte: In der Decke eines dieser Kanäle fanden die Archäologen Eiseneinlagen zur Verstärkung. Die 2 bis 3 cm breiten und 0,4 bis 0,6 cm dicken Bandeisen werden mit Recht als Armierung des Betons bezeichnet[1]. Netzartig geflochtene Eiseneinlagen sind auch aus Decken in Herkulaneum und in den Thermen des TRAJAN in Rom bekannt.

Für Großbauten stehen den Römern bereits beachtliche Baumaschinen und Hebewerkzeuge zur Verfügung (Bild 183), wie der Drei-, Fünf- oder Vielrollenzug (*polyspastos*), der bis zu 6 t heben kann. VITRUV beschreibt diese auch aus Abbildungen bekannten Kräne (Bild 184), die durch eine drehbare Spindel oder ein Tretrad angetrieben werden.

Die zahlreichen öffentlichen Bauten erforderten unzählige Arbeitskräfte, über die nur ein Weltreich verfügte. In Friedenszeiten zog man außerdem aus verständlichen Gründen die Legionen zu Bauarbeiten heran. Viele Kanäle, Stadtmauern und Straßen entstanden auf diese Weise; auch die Rohstoffgewinnung (z. B. Baukalk), Bergwerksarbeiten und die Ziegelherstellung sind zu erwähnen. Damit stießen Kaiser und Feldherren allerdings nicht immer auf große Gegenliebe. Unter TIBERIUS meuterten die Legionäre gegen den Straßenbau, und die Ermordung des Kaisers PROBUS durch seine Soldaten soll ihre Ursache in zu umfangreichen Arbeiten bei der Sumpf-Entwässerung und der Anlage von Weinbergen (vor allem in Germanien) gehabt haben.

Eine interessante Untersuchung über die Planung und den Bau einer römischen Fernwasserleitung enthält die 1983 vorgelegte Diplom-Arbeit ENGELS/HUPPERICH/MÜLLER/OLBERDING (Lehrstuhl und Institut für Baumaschinen und Baubetrieb RWTH Aachen, Prof. POHLE). Danach dauerte der Bau der 29,470 km langen Wasserleitung für die Stadt Side/Südtürkei in der 2. Hälfte des 2. Jahrhunderts n. Chr. durch schwieriges Gelände etwas länger als 5 Jahre; auf der Baustelle waren im Mittel knapp 1000 Arbeiter beschäftigt.

Die Baustoffe für Großbauten können meistens in jeder Menge, in typisierter Form und sofort geliefert werden; dafür sorgt ein gut organisierter Baustoffhandel einschließlich des Baustofftransports. Begriffe wie Normung, Vorfertigung und Baustellenorganisation sind also keine Erfindungen unserer Zeit.

---

[1] [79] S. 149 und [102] S. 874 sowie S. 181.

ANTIKE BAUMEISTER

Über das Leben frühgeschichtlicher Baumeister wissen wir relativ wenig. Sie hatten meistens hinter ihre Bauwerke zurückzutreten, und der Ruhm gebührte Göttern, Kaisern, Politikern und Feldherren. Man sieht, daß sich hier bis in unsere Tage nicht viel geändert hat. Um so reizvoller mag es sein, einen – wenn auch lückenhaften – Überblick über heute greifbare Informationen zu geben.

Vereinzelte Überlieferungen liegen aus dem frühen Ägypten, China und Indien vor. Aus der griechischen Mythologie ist als bemerkenswertes Beispiel der Baumeister DAIDALOS bekannt. Er war am Hofe des sagenumwobenen Königs MINOS von Kreta tätig. Seine Ahnenreihe führte er direkt auf HEPHAISTOS, den Gott der Schmiedekunst, zurück. MINOS erhielt von POSEIDON als besondere Gunst einen prächtigen weißen Stier, den er den Göttern opfern sollte. Den König begeisterte dieses Tier jedoch so sehr, daß er einen anderen, minderen Stier opferte. POSEIDON war empört und sann auf Rache. So machte er des MINOS Gemahlin PASIPHAE verliebt in den göttlichen Stier. In ihrer vertrackten Situation bat die Königin DAIDALOS um Hilfe, der auch auf diese delikate Frage eine Antwort wußte: Er konstruierte eine hölzerne Kuh und überspannte das Gestell mit einer Kuhhaut. In einer pompejanischen Wandmalerei ist festgehalten, wie DAIDALOS seine Kuh-Attrappe der Königin übergibt; auf dem Rücken befindet sich eine Klappe, die einen Einstieg ermöglicht (Bild 185). Nun stand einer Vereinigung zwischen der Königin und dem geliebten Stier nichts mehr im Wege.

Aus der Verbindung entstand MINOTAUROS, ein Mensch mit Stierkopf. MINOS war entsetzt und versteckte den Bastard in einem Labyrinth bei Knossos, das ebenfalls von DAIDALOS erbaut worden war (S. 196).

DAIDALOS und seinen Sohn IKAROS ließ er in Ketten legen. PASIPHAE befreite sie jedoch und verhalf ihnen zur Flucht. Darauf baute DAIDALOS zwei Paar Flügel, deren Federn er mit Wachs zusammenklebte. Der Vater warnte seinen Sohn, nicht zu dicht an die Sonne zu fliegen, damit das Wachs nicht schmelze. Nun ist seit Menschengedenken nichts wohlfeiler zu haben als Erfahrungen anderer; gleichwohl flog IKAROS aus Übermut zu dicht an die Sonne und stürzte ab. Das geschah in der Nähe einer Insel, die jetzt Ikaria heißt. DAIDALOS floh über Cumae nach Sizilien und begab sich dort in die Dienste des Königs KOKALOS.

Indessen suchte MINOS nach wie vor nach DAIDALOS. Als Lockmittel für den genialen Erfinder versprach er demjenigen goldene Schätze, der einen Faden durch eine Tritonmuschel fädeln könnte.

Bild 185: Der königliche Baumeister DAIDALOS übergibt der
Königin PASIPHAE die von ihm
konstruierte Kuh-Attrappe.
Fresko im „Haus der Vettier"
in Pompeji/Italien, siehe Bild 159

DAIDALOS wußte auch hier eine Lösung. Er bohrte ein feines Loch durch die
Muschelspitze, band einen Seidenfaden an eine Ameise und lockte diese mit
Honig durch die Muschel hindurch. Damit hatte MINOS den DAIDALOS aufge-
spürt und wollte ihn töten.

Er reiste zu König KOKALOS; dessen Töchter waren jedoch auf der Seite von
DAIDALOS. Sie bereiteten ein Bad für MINOS und verbrühten ihn mit heißem
Wasser tödlich. Die Kreter wollten nun ohne ihren König nicht zurück-
kehren und gründeten an der Südküste Siziliens die Stadt Minoa.

Doch zurück in die Realität.

Die Ausbildung des Baumeisters erfolgte ähnlich wie beim Handwerk: Der
„Lehrling" lernte vom „Meister". Dazu gehörte auch das Reisen in Länder
mit besonderen einschlägigen Erfahrungen. Andererseits wurden berühmte
Baumeister aus entfernten Gegenden zu wichtigen oder schwierigen Bauten
gerufen. Das zentral regierte Imperium Romanum hat diese Entwicklung
sicher sehr erleichtert.

Aus überlieferten Schriften sind uns die nachstehenden Einzelheiten über
Baumeister in der Antike bekannt.

THEODOROS (6. Jahrh. v. Chr.) ist für die schwierige Gründung des
Tempels zu Ephesus verantwortlich. Der Tempel – eines der sieben Welt-

wunder – wurde auf sumpfigem Boden errichtet, damit er weniger durch Erdbeben geschädigt würde. Nach einem Vorschlag von Theodoros fütterte man zuerst den Boden mit Holzbohlen und Schaffellen aus, schuf also gewissermaßen eine schwimmende Gründung.

EUPALINOS von Megara lebte zur Zeit des Polykrates (Beginn 6. Jahrh. bis 522 v. Chr.). Er ist der Schöpfer der berühmten Wasserleitung von Samos, die auf etwa 1000 Meter Länge einen Berg durchstößt. Der Stollen wurde von beiden Seiten begonnen und setzte daher eine bewundernswürdige Vermessungsarbeit voraus [54].

MANDROKLES aus Samos erbaute 513 v. Chr. für Darius I. eine Schiffs-Brücke über den Bosporus für den Übergang des Perserheeres.

HIPPODAMOS von Milet (5. Jahrh. v. Chr.) hat erstmalig ein rechtwinkliges Straßenraster für Städte empfohlen und gilt als Lehrmeister der Städtebaukunst. Von ihm stammt z. B. die Planung für die Hafenstadt Piräus.

PHAIAX hat die in Agrigent unter Theron (540/30 bis 472 v. Chr.) errichteten umfangreichen Bauten geleitet; dazu gehörten auch weit verzweigte unterirdische Be- und Entwässerungsleitungen.

DEINOKRATES (Ende 4. Jahrh. v. Chr.) ist der Erbauer z. B. der Stadtanlage von Alexandria und des neuen Tempels von Ephesus. Das Gebälk für diesen Tempelneubau wurde über eine schiefe Ebene aus Sandsäcken auf die

---

EIN BAUMEISTER MACHT KARRIERE

Als ALEXANDER (der Große) *die Welt eroberte, machte sich der Baumeister DEINOKRATES im Vertrauen auf seine Ideen und seine Kunstfertigkeit von Makedonien aus zum Heer auf, eifrig darauf bedacht, beim König empfohlen zu werden.*

... Er war sehr groß, hatte ein angenehmes Äußeres, eine sehr schöne Gestalt und ein würdevolles Aussehen. Im Vertrauen auf diese Gaben der Natur legte er in seiner Herberge die Kleidung ab, salbte den Körper mit Öl und bekränzte sein Haupt mit Pappellaub. Seine linke Schulter bedeckte er mit einem Löwenfell. In der Rechten hielt er eine Keule. So ging er auf den Hochsitz des Königs zu, der gerade Recht sprach. Da der ungewöhnliche Auftritt das Volk abgelenkt und dem DEINOKRATES zugewandt hatte, erblickte ihn auch ALEXANDER. Voller Verwunderung befahl er, ihm Platz zu machen, und fragte ihn, wer er sei. Jener aber sagte: „Ich bin DEINOKRATES, ein Baumeister aus Makedonien. Ich bringe Dir Pläne und Entwürfe, die Deiner, erlauchter Herrscher, würdig sind..." Beeindruckt von der Eigenart des Entwurfs ... sagte ALEXANDER: „DEINOKRATES, der hervorragenden Gestaltung Deines Entwurfs widme ich meine volle Aufmerksamkeit, und ich bin von ihr beeindruckt.... Es ist mein Wille, daß Du um mich bist, weil ich mich Deiner Hilfe bedienen will." Seit dieser Zeit wich DEINOKRATES nicht von der Seite des Königs und folgte ihm nach Ägypten. Als ALEXANDER dort einen auf natürliche Weise geschützten Hafen und einen hervorragenden Handelsplatz ... gefunden hatte, beauftragte er ihn, die nach ihm benannte Stadt Alexandria anzulegen.

VITRUV

Säulen gezogen und langsam abgesenkt. Dazu entleerte man einen Teil der Säcke. DEINOKRATES ist auch aus Beschreibungen von VITRUV bekannt (S. 187).

SOSTRATOS von Knidos lebte zur Zeit PTOLEMAEUS II. (1. Hälfte 3. Jahrh. v. Chr.). In seiner Vaterstadt erbaute er eine Halle mit begehbarem Dach, in Delphi verschiedene Gebäude und bei Memphis Kanäle im Nilbereich. Sein berühmtestes Werk ist der Leuchtturm von Alexandria (Pharos), eines der sieben Weltwunder. Der Turm war unten quadratisch und bestand aus mehreren (vermutlich 3) schmäler werdenden Abschnitten, deren Höhen von unten beginnend mit etwa 65 m, 30 m und 9 m angegeben werden. Im unteren Abschnitt befand sich eine Zisterne, auf der Spitze stand eine Figur. PTOLEMAEUS soll dem Baumeister sogar gestattet haben, seinen Namen auf eine Gedenktafel des Fundaments zu setzen. Nach einer anderen Schilderung hat SOSTRATOS seinen Namen heimlich auf die Gedenktafel gemeißelt und diese mit einem Putz versehen. In den Putz wurde pflichtgemäß der Name des Königs eingraviert. Der Zahn der Zeit entschied jedoch für SOSTRATOS.

ARCHIMEDES (287 bis 212 v. Chr.) lebte in Syrakus. Seine größten Erfolge liegen auf den Gebieten der Mathematik und der praktischen Mechanik (Hebelgesetz, Auftrieb u. a.). Auf ihn gehen z. B. die ersten Seilwinden zurück, die für Stapelläufe von Schiffen benutzt wurden. Er erfand außerdem die Wasserschnecke (ARCHIMEDES'sche Schnecke), viele Kriegsmaschinen und den Hohlspiegel (zum „Fernzünden" feindlicher Schiffe). Hierdurch konnte Syrakus den römischen Angriffen sehr lange Widerstand leisten. Nach einem Bericht des griechischen Schriftstellers PLUTARCH (lebte 2. Hälfte 1. Jahrh. und 1. Hälfte 2. Jahrh. n. Chr.) soll ein römischer Soldat ARCHIMEDES während der Eroberung von Syrakus bei der Lösung eines geometrischen Problems angetroffen haben, das er in den Sand gezeichnet hatte. Den Ausspruch *Noli turbare circulos meos* (= Störe meine Kreise nicht) hat ARCHIMEDES darauf offenbar mit dem Leben bezahlt.

ANDRONIKOS aus Kyrrhos (1. Jahrh. v. Chr.) ist der Erbauer des „Turmes der Winde" zu Athen. Der heute noch vorhandene achteckige Marmorbau diente als Wind-Anzeiger und als Zeitmesser. Die Zeit wurde durch die Sonne und eine Art Wasseruhr angezeigt.

VITRUVIUS; im deutschen Sprachgebrauch: VITRUV (1. Jahrh. v. Chr.); die gelegentlich angegebenen Namen MARCUS VITRUVIUS POLLIO sind nach [103] nicht verbürgt und tauchen erst seit Beginn des 15. Jahrhunderts auf. VITRUV wurde um 80 v. Chr. geboren und ist um 10 v. Chr. gestorben. Um seinen Geburtsort streiten sich die Städte Verona und Formia. Seine Eltern ermöglichten ihm eine gediegene Ausbildung als Baumeister. Er trat früh in den Heeresdienst ein und war unter CAESAR und AUGUSTUS tätig. In der Hauptsache widmete er sich dabei dem Bau von Kriegsmaschinen sowie Festungsanlagen und nach seinem Ausscheiden aus dem Heeresdienst (etwa 35 v. Chr.) dem Wasserbau; zeitweise gehörte er zum Stabe des M. V. AGRIPPA. Von seinen Bauwerken ist lediglich die Basilika der damals bedeutenden

Stadt Fanum Fortunae (heute: Fano, an der Adria) bekannt. Seine überragende Bedeutung liegt in den *De architectura libri decem* (sinngemäß übersetzt: Zehn Bücher über das Bauen), da sie das einzige erhaltene Werk über die Baukunst aus dem Altertum sind. Dieses Lehr- und Nachschlagebuch für Fachleute und Laien hat VITRUV dem AUGUSTUS gewidmet und vermutlich zwischen 22 und 14 v. Chr. herausgegeben. Sein Werk war z. B. LEONARDO DA VINCI und MICHELANGELO gut bekannt, und seine Forderungen nach einer breit gefächerten Ausbildung wurden zum Bildungsideal der Renaissance. VITRUV hatte sich unter CAESAR in Afrika ausgezeichnet und knüpfte – auch mit Hilfe seines Buches – gute Beziehungen zum Kaiserhaus. Das brachte ihm später eine auskömmliche Alterspension ein.

In den einzelnen Büchern behandelt VITRUV nachstehende Themen:

Buch 1

Ausbildung des Baumeisters, Definition der ästhetischen Grundbegriffe, Einteilung der Baukunst in ihre Einzelgebiete, Wahl gesunder Plätze, Anlage von Türmen und Mauern, städtebauliche Gesichtspunkte.

Buch 2

Baumaterialien wie Stein, Holz, Ziegel, Sand, Kalk, Puzzolanerde und römischer Beton sowie ihre Anwendung.

Buch 3 und 4

Konstruktions- und Gestaltungsgrundsätze für Tempel, Anlage von Tempelfundamenten.

Buch 5

Zweckmäßige Anlage öffentlicher Gebäude (Rathaus, Theater, Bäder), Anlage von Häfen und Wasserbauten.

WAS MUSS EIN GUTER BAUMEISTER KÖNNEN?

Das Wissen des Baumeisters umfaßt verschiedenartige wissenschaftliche und mannigfaltige elementare Kenntnisse. . . . Baumeister, die unter Verzicht auf wissenschaftliche Bildung sich nur um handwerkliche Dinge bemühten, gelangten nicht zu entsprechender Meisterschaft. Andererseits scheinen diejenigen, die sich nur auf Berechnungen und auf ihre wissenschaftliche Ausbildung verließen, lediglich einem Schatten, nicht aber der Sache nachgejagt zu sein. Diejenigen aber, die sich beides gründlich angeeignet haben, gelangten schneller und erfolgreicher an ihr Ziel. . . . Der Baumeister muß begabt und bereit zu wissenschaftlich-theoretischer Schulung sein. . . . Er muß im schriftlichen Ausdruck gewandt sein, des Zeichenstiftes kundig, in der Geometrie ausgebildet, mancherlei geschichtliche Ereignisse kennen, fleißig Philosophen gehört haben, etwas von Musik verstehen, nicht unbewandert in der Heilkunde sein, juristische Entscheidungen kennen, Kenntnisse in der Sternkunde und vom gesetzmäßigen Ablauf der Himmelserscheinungen besitzen.

VITRUV

Buch 6

Anlage von Privatgebäuden in der Stadt und auf dem Lande.

Buch 7

Hochbauarbeiten, Estrich, Löschen des Kalks, Verputz, Marmor, Farben.

Buch 8

Wassersuche, Regenwasser, warme Quellen, Prüfung des Wassers, Nivellierarbeiten, Graben von Brunnen und Zisternen, Anlage von Wasserleitungen.

Buch 9

Astronomische Fragen, Uhren.

Buch 10

Bau von Maschinen, Wasserrädern, Schöpfwerken, Kriegsmaschinen.

Die Quellen für das Werk des VITRUV waren sein Unterricht bei verschiedenen Lehrern, eigene Erfahrungen und (vornehmlich griechische) Fachschriftsteller. Es gibt etwa 55 Handschriften, die letzten Endes auf eine (verlorene) Urschrift zurückgehen. Der erste Text erschien 1487 im Druck (GIOVANNI SULPICIO DA VEROLI). Einige Auszüge aus seinen Büchern sind im vorliegenden Buch als Zitate wiedergegeben.

MARCUS VIPSANIUS AGRIPPA (63 bis 12 v. Chr.). In seiner Person vereinen sich in bemerkenswerter Weise Staatsmann, Heerführer und Baumeister. Sein Geburtsort und Einzelheiten über seine Jugend sind unbekannt. Er stammt aus einer begüterten, aber nicht adeligen Familie. Im Jahre 47 begann er als 16jähriger sein Studium an einer Rhetoren-Schule in Rom, zusammen mit dem gleichaltrigen späteren Kaiser AUGUSTUS. Mit 25 Jahren wurde M.V. AGRIPPA Statthalter von Gallien, ein Jahr später zum ersten Male Konsul. Als Präfekt der Küsten und der Flotte bildete er 20 000 Sklaven und Matrosen aus. Wegen des außerordentlich harten Trainings (z.B. Ausfahrten bei Sturm) war die Flotte sehr schlagkräftig und gewann bedeutende Seeschlachten.

AGRIPPA (Louvre, Paris).

Ab 34 v. Chr. begann er in Rom ein Riesenbauprogramm. Dazu gehörten vor allem Wasserleitungen, Kanäle, Straßen und öffentliche Bäder; es entstanden 130 Wasserkastelle, 700 Zisternen und 500 Springbrunnen. Die vernachlässigte Cloaca Maxima wurde von Grund auf gereinigt und ausgebaut, so daß man mit Ruderbooten hindurchfahren konnte. Als Jahresetat für die Abwassertechnik standen 1000 Talente (der heutige Gegenwert wird auf 6–10 Mio DM geschätzt) zur Verfügung; davon mußten jedoch auch Mannschaften und Material bezahlt werden.

28 und 27 v. Chr. war M.V. AGRIPPA Mitkonsul des AUGUSTUS. In diese Zeit fielen der Bau des Hafens Misenum (bei Neapel) und des neuen Theaters in Ostia (bei Rom). Das Pantheon wurde in seiner ersten Fassung 27 v. Chr.

190

EIN DICHTER HAT ES LEICHTER ALS EIN BAUMEISTER

Wer in umfangreichen Büchern geistvolle Gedanken und Lehren entwickelt hat, wird mit seinen Schriften immer großes und hervorragendes Ansehen erwerben. ... Geschichtswerke oder Dichtungen fesseln den Leser durch sich selbst; sie sind nämlich mannigfaltig spannend, weil sie bisher unbekannte Ereignisse schildern. ...Das aber ist bei Schriftwerken über Baukunst nicht möglich, weil der Sinn der Worte für den Laien schwerer verständlich ist; diese Fachworte sind nämlich in der Umgangssprache (manchmal) nicht gebräuchlich.

VITRUV

fertiggestellt und gehörte zum Komplex der AGRIPPA-Thermen. In den Jahren 23 und 22 v. Chr. hielt M. V. AGRIPPA sich im Osten des Reiches auf und schloß Freundschaft mit dem König HERODES. 20 v. Chr. wurde von ihm im Zuge eines gewaltigen Straßenbauprogramms das *milliarium aureum* in Rom aufgestellt; 19 entstand der Pont du Gard bei Nîmes.

In diese Zeit fielen außerdem die Gründung des *oppidum Ubiorum*, des späteren Köln sowie ausgedehnte Reisen durch Spanien und Griechenland. In Athen wurden ihm das Odeon gewidmet und ein Denkmal vor den Propyläen gebaut; der Sockel ist heute noch erhalten. M. V. AGRIPPA war auch ein erstklassiger Fachmann auf den Gebieten Kartographie, Geographie und Vermessungswesen. Unter seiner Regie entstand die bereits erwähnte Weltkarte *commentarii geographici*.

Mit 42 Jahren mußte M. V. AGRIPPA sich auf Geheiß des AUGUSTUS zum zweiten Mal scheiden lassen und heiratete aus der Kaiserfamilie die 18jährige verwitwete JULIA. Anstelle von AUGUSTUS sollte er für männlichen Nachwuchs sorgen. M. V. AGRIPPA starb mit 51 Jahren am 21. 3. 12 v. Chr. in Capua und wurde im Mausoleum des AUGUSTUS in Rom beigesetzt.

LUCIUS COCCEIUS war als Baumeister unter M. V. AGRIPPA tätig. Eines seiner wichtigsten Werke ist der große Straßentunnel bei Pozzuoli (etwa 1000 m lang, zweispurig, mit 6 Öffnungen bis zu 30 m tief für Licht und Luft; Bild 140).

BAUHERR UND BAUMEISTER

Der Unterschied zwischen dem Laien und dem Baumeister besteht darin, daß der Laie erst nach Fertigstellung eines Bauwerks wissen kann, wie ein Bauwerk aussieht. Der Baumeister dagegen formt das Bauwerk in seinem Geiste vor und hat daher schon vor Baubeginn eine genaue Vorstellung davon, wie es sich im Hinblick auf Anmut, Verwendungsmöglichkeit und Zweckmäßigkeit darstellen wird.

VITRUV

SEXTUS IULIUS FRONTINUS (etwa 40 bis 103 n. Chr.) ist nach eigenen Angaben der 17. namentlich bekannte Direktor der Wasserwerke von Rom in ununterbrochener Folge. Er entstammt vermutlich einer aristokratischen Familie und hatte eine ausgezeichnete Ausbildung. Nach seinem ersten Konsulat ging er 74 für vier Jahre als Statthalter nach Britannien. Seine Amtszeit in Rom dauerte von 97 bis 103 n. Chr.

Die Schriften des S. I. FRONTINUS bezeugen, daß er ein bedeutender Ingenieur, Schriftsteller, Jurist und Verwaltungsbeamter gewesen sein muß. Sein erstes Werk befaßt sich mit der Feldvermessung. Das Buch ist eine Art Nachschlagewerk und enthält auch wichtige Hinweise auf die Trassierung von Wasserleitungen sowie den Satz: „Es ist leicht, einen Landvermesser für einen Irren zu halten, wenn man ihn die abgelegensten Pfade einherschreiten sieht. In Wahrheit sucht er dann jedoch nach Spuren verlorener Grenzmarkierungen."

Weitere Schriften behandeln Kriegsstrategie und -taktik sowie landwirtschaftliche Probleme. Der Bau und die Erneuerung von Fernstraßen sowie die Gründung von Wehrdörfern zur Ansiedlung verdienter Veteranen werden ebenfalls in einem Buch beschrieben. Am bekanntesten ist aber wohl sein Werk über die Wasserversorgung der Stadt Rom ([29] und [30]). Eine Kopie des Originals fand man 1429 im Kloster von Monte Cassino. In diesem Buch informiert er über das römische Verwaltungssystem seiner Zeit und den Zustand der römischen Wasserversorgungsanlagen. Zunächst werden die 9 Fernwasserleitungen nach Rom ausführlich beschrieben (Bild 44). Wir erfahren auch von den Schwierigkeiten durch Wasserverluste infolge baulicher Schäden und bestochener Rohrnetzmeister. Besonders bemerkenswert sind die von S. I. FRONTINUS vorgeschlagenen Verbesserungen sowie die Folgerungen und Anweisungen für die Zukunft. So fordert er, daß die Quellen, die Betriebsbauten und die Fernwasserleitungen durch einen

---

UNTERNEHMER-RISIKO SCHLIESST AUCH DIE PLEITE EIN

Als der Unterbau des Großstandbildes des APOLLO *im Tempel infolge Alters brüchig geworden war, gab man . . . die Herstellung einer neuen Basis (aus Steinblöcken) . . . in Auftrag. Den Vertrag schloß ein gewisser* PACONIUS *ab. Die Basis war zwölf Fuß lang, acht Fuß breit, sechs Fuß hoch. Voll Vertrauen, berühmt zu werden . . . beschloß er, . . . eine geeignete Transportvorrichtung herzustellen. Er ließ Räder von ungefähr fünfzehn Fuß Durchmesser anfertigen, und in diese Räder fügte er die Enden des (zu transportierenden Stein-)Blockes ein. Dann baute er rings um den Block der Länge nach von Rad zu Rad zwei Zoll dicke Quersprossen ein, so daß Quersprosse von Quersprosse nicht mehr als ein Fuß entfernt war. Nun wickelte er um die Quersprossen ein Seil und, nachdem Rinder angespannt waren, zogen sie das Seil. Als das Seil abgewickelt wurde, brachte es die Räder zum Rollen. Es konnte aber die Vorrichtung nicht in gerader Linie auf dem vorgesehenen Weg ziehen; diese wich vielmehr nach der einen Seite (vom Wege) ab. So mußte er sie wieder zurückziehen.* PACONIUS *vergeudete mit dem Hin- und Herziehen sein Geld, so daß er nicht mehr zahlungsfähig war.*

VITRUV

bebauungsfreien Streifen von beiderseits 15 Fuß geschützt werden. Eine detaillierte Beschreibung der Wasserversorgungsanlagen und ihrer Wartung bildet den Abschluß. Hier tauchen bereits unsere heutigen Begriffe „Auftragszettel" und „Betriebstagebücher" auf. Das Buch enthält aber auch das Zitat: „Mit diesen unentbehrlichen Bauwerken, die so große Mengen Wasser führen, vergleiche, wenn Du Lust hast, die unnützen Pyramiden oder gar die unbrauchbaren Kunstwerke der Griechen, so herrlich sie auch sind!"

Zu seinem Freunde PLINIUS d. J. soll er gesagt haben: „Der Aufwand für ein Denkmal ist überflüssig; die Erinnerung an uns wird bestehen, wenn wir es durch unser Leben verdient haben."

APOLLODORUS von Damaskus war unter TRAJAN und HADRIAN tätig. In seiner Person vereinigten sich Architekt und Ingenieur in glücklicher Weise; er ist ein berühmter Brückenbauer (z.B. Donau-Brücke bei Debrecen 102 bis 105 n. Chr.), Städtebauer und Hochbauer (z. B. TRAJANS-Thermen und vermutlich das Pantheon). Ihm wird aber auch eine spitze Zunge zugeschrieben. Zu HADRIAN soll er bei einer Kontroverse über bauliche Fragen gesagt haben: „Geh und male Deine Kürbisse, denn hiervon verstehst Du nichts!" (Kürbisse stehen hier für die bei HADRIAN sehr beliebten Kuppelbauten). Über einen scharfen (und zutreffenden) Tadel beim Entwurf zum Tempel der Venus und Roma war HADRIAN jedoch so erbost, daß er den Baumeister in die Verbannung schickte (oder nach einer anderen Überlieferung: hinrichten ließ).

QUINTUS CANDIDUS lebte um 250 n. Chr. in Südfrankreich; ihn kennen wir nur aus seiner Grabinschrift [57]. Sie lautet frei übersetzt und gekürzt:

„Naturwissenschaftliches Streben, Fachwissen und ehrenhafte Gesinnung zeichneten ihn aus. Er wußte einen guten Tropfen zu schätzen, war im Freundeskreise ein geistreicher Unterhalter, aufgeschlossen für den technischen Fortschritt und von liebenswürdigem Wesen."

ANGABEN ZU RÖMISCHEN STÄDTEN

Für den Nicht-Archäologen werden nachstehend einige Angaben zu römischen Städten und einige Daten zur römischen Geschichte zusammengefaßt. Sie sollen die Einordnung der geschilderten Einzelheiten erleichtern. Auswahl und Kommentierung dieser Angaben besorgte ein Ingenieur. Aus der Feder eines Historikers oder eines Archäologen sähe beides sicher anders aus. Vielleicht ist es trotzdem – oder sogar deswegen – möglich, daß der Text Ingenieure, Architekten und andere Interessierte zu weiterführendem Studium anregt.

In fast allen großen geschichtlichen Epen spielt die Stadt eine wichtige Rolle; sie ist Basis für jede menschliche Kultur. Das gilt in besonderem Maße für Rom. Eine auch nur kurzgefaßte Beschreibung ihrer Stadt-Entwicklung ginge jedoch über den Rahmen dieses Buches hinaus. Daher sei auf die umfangreiche Fachliteratur verwiesen. Wahrscheinlich sind aber einige Kurzinformationen über mittlere Städte hilfreich, die im Text erwähnt wurden, als Reiseziel leicht zu erreichen sind und heute noch vielfältige und interessante Beispiele für das Bauen in der Antike vermitteln – auch des Bauens für den „Normalbürger". Dafür wurden Pompeji, Herkulaneum, Pozzuoli, Ostia, Köln und Trier ausgewählt.

POMPEJI

Pompeji liegt rund 8 km südöstlich des Vesuvs und ist eine oskische Gründung vor dem 8. Jahrh. v. Chr. Da die Siedlung von den Etruskern bedrängt wird, schließt sie mit der mächtigen Stadt Cumae (griechisch: Kyme) ein Schutzbündnis. Diese wohl älteste griechische Gründung in Italien übt in der Folge einen starken kulturellen Einfluß aus. Um 500 v. Chr. dringen samnitische Bergvölker bis in die Stadt Pompeji vor und siedeln sich dort ebenfalls an. Sie prägen Verwaltung, Architektur und Kunst. Im Jahre 89 v. Chr. wird die Stadt von den Römern erobert. Anschließend nehmen hier nicht nur römische Veteranen ihren Wohnsitz, sondern der durch den Ausbau des Hafens wachsende Handel zieht Kaufleute aus der gesamten damaligen Welt an. So entsteht eine bunte, laute und reiche Handelsstadt mit Oskern, Samnitern, Griechen, Römern, Asiaten und Afrikanern. Bei etwa 10 000 Einwohnern[1] weist sie eine hohe Zahl an Luxusvillen, Geschäften,

---

[1] innerhalb der Stadtmauer; dazu kommen im Umland etwa 35 000 bis 40 000 Menschen ([25] und [68]).

Kinderkritzelei (Labyrinth des MINOTAUROS) und Wahlparole in Pompeji.

Schenken und Herbergen, aber auch kleine und enge Wohnungen der ärmeren Bevölkerung auf. Der alte Stadtkern zeigt vereinzelt krumme Gassen, die „Neustadt" ein regelmäßiges und überwiegend rechtwinkliges Straßennetz. Pompeji verfügt über ein Forum (Markt- und Versammlungsplatz), das wegen seiner Geschlossenheit und großzügigen Ausstattung gerühmt wird, sowie das älteste bisher bekannte römische Amphitheater und zwei Bühnentheater.

Ein vielfältiges „Archiv" bilden die unzähligen Inschriften an den Wänden. Neben Verkaufsangeboten und Wahlprogrammen sind mehr oder weniger salonfähige Verse, Beschimpfungen, Verlustmeldungen, Liebesschwüre, Erfahrungsberichte aus dem Freudenhaus und Kinderkritzeleien erhalten, so daß der Text eines Spötters berechtigt erscheint: „Ein Wunder ist es, o Mauer, daß du nicht umgefallen bist, da du so viel lästiges Gekritzel ertragen mußt!"

Bild 186: Beim Ausbruch des Vesuvs erstickte Menschen (Fundort: Pompeji/Italien, Porta di Nocera); die menschlichen Körper sind mit Ausnahme der Knochen verwest und haben Hohlräume im Boden hinterlassen; diese Hohlräume wurden ausgegossen.

In dieses bunte Leben hinein bricht 62 n. Chr. ein schweres Erdbeben und zerstört große Teile der Stadt; man geht jedoch sofort an den Wiederaufbau. 79 n. Chr. folgt dann jene Katastrophe, die auch heute noch nichts von ihrer Dramatik verloren hat. Der Vesuv, an dessen Existenz sich die Menschen gewöhnt haben und an dessen Hängen ein vorzüglicher Wein heranreift, speit Feuer, Schwefeldämpfe, Asche, Steine sowie Lavaströme und bedeckt Pompeji in kürzester Zeit mit einer bis zu 10 m dicken Ascheschicht. Wer nicht mehr fliehen kann, kommt unter der Asche oder durch die giftigen Gase um. Heute benutzt man ein besonderes Verfahren, um jene Menschen oder Tiere zu „rekonstruieren". Die Körper haben nämlich in der Asche einen Hohlraum hinterlassen, da sie inzwischen mit Ausnahme der Knochen verwest sind. Die Hohlräume lassen sich mit einer flüssigen Gips- oder Zementmischung ausfüllen und ergeben einen naturgetreuen Abguß der unglücklichen Verschütteten (Bild 186) – man schätzt ihre Zahl auf zweitausend. In der Körperhaltung und auf den Gesichtszügen der Menschen zeichnen sich Entsetzen und Resignation ab. Es klingt fast makaber; aber dieser Katastrophe verdanken wir eines der kostbarsten Dokumente der Antike: die nahezu vollständige Einsicht in das Leben einer Stadt vor rund zwei Jahrtausenden, das plötzlich unterbrochen und in diesem Zustand erhalten wurde. Das ist sicher auch die Ursache für die besondere Faszination auf alle späteren Generationen; werden hier doch die menschlichen Eigenschaften Bildungshunger, Phantasie, Neugierde und nicht zuletzt Sensationslust in hohem Maße angesprochen.

HERKULANEUM

Der Ausbruch begräbt außerdem die Städte Herkulaneum und Teile von Stabiae (heute Castellamare) unter einer zum Teil mehr als 20 m dicken steinartig erhärteten Schicht, die alles konserviert. So finden wir heute dort nicht nur vielfältige Bausubstanz, sondern auch Holzgegenstände, Speisereste, Kuchen, Eier, Getreide, Stoffe und beschriebene Pergamente. Da der vernichtende Strom aus Lava, Regen und Schlamm jedoch relativ langsam den Berg hinabfließt, können in Herkulaneum viele Einwohner fliehen; daher fanden sich im Stadtgebiet bisher nur wenige Verunglückte. Bei jüngsten Grabungen stieß man im Hafenbereich jedoch auf zahlreiche menschliche Knochenreste; es wird angenommen, daß durch die Eruptionen auch Flutwellen im Meer entstanden und den Ort überspülten.

Herkulaneum ist keine so lebhafte Handelsstadt wie Pompeji. Es fehlen auch weitgehend die ausgedehnten Ladenstraßen. Andererseits gibt es luxuriöse Villen mit reichem Marmorschmuck, viele zweistöckige Häuser – zum Teil mit gleichen Grundrissen übereinander – und mehrstöckige Mietshäuser.

Über die frühen Phasen der Geschichte liegen noch keine ausreichenden Befunde vor, da die ehemalige Stadt heute durch den Ort Resina überbaut wurde. Im Gegensatz dazu blieb das Stadtgebiet von Pompeji unbesiedelt; es ist heute zu etwa drei Fünftel ausgegraben. Man nimmt an, daß die frühe Entwicklung von Herkulaneum der von Pompeji ähnelte. Das bisher ausgegrabene rechtwinklige Straßensystem läßt eine griechische Gründung vermuten.

Nicht zuletzt liefert Herkulaneum ein lehrreiches Beispiel für den Wandel in der Einstellung zu archäologischen Grabungen. Im Jahre 1709 stößt der österreichische Fürst d' ELBOEUF beim Brunnenbohren auf die Bühne des antiken Theaters und beginnt unverzüglich mit der gezielten Suche nach Statuen und Marmorverkleidungen. Durch d' ELBOEUF und die Grabungsstollen der späteren Nachfolger werden viele erhaltene Bauwerke unwiderruflich zerstört. Erst 1927 führen nach heutigen Vorstellungen ausgerichtete Grabungen in Herkulaneum zu einer Änderung; Ziel ist nunmehr auch die systematische Untersuchung des Alltagslebens.

POZZUOLI

Pozzuoli (lateinisch: *Puteoli*) – in der Nähe von Neapel – geht auf eine griechische Gründung aus dem 6. Jahrh. v. Chr. zurück – vermutlich von Einwohnern aus Samos, die vor dem Tyrannen POLYKRATES geflohen waren. Wie die in der Nähe gelegene Stadt Misenum lehnt sie sich an die ältere griechische Stadt Cumae an und bekommt 194 v.Chr. den Status einer römischen Kolonie. Sie durchläuft eine stürmische Entwicklung zum führenden Handelshafen – vor allem mit den römischen Ostprovinzen; Misenum wird ein bedeutender Militärhafen.

Während Neapel seinen griechischen Charakter zu bewahren sucht, übernimmt Pozzuoli römische Tradition. In ihren Mauern sammeln sich bald Reichtümer und ein buntes Völkergemisch. Eine gewaltige Hafenmole (372 m lang) und eines der größten Amphitheater des Imperiums sind äußere Zeichen für Bedeutung und Lebensstil der Stadt.

Das in Hafennähe gelegene *macellum* (Markthalle) wird seit seiner Ausgrabung wegen der prunkvollen Gestaltung (fälschlich) als Serapis-Tempel bezeichnet. Neben der historischen Bedeutung hat dieses Bauwerk uns ein zuverlässiges Mittel für die Bestimmung der dortigen starken Erdhebungen und -senkungen in die Hand gegeben. An drei großen Säulen sind nämlich deutlich Bohrmuschel-Horizonte zu erkennen, die frühere Meeresspiegelhöhen ablesen lassen. Man kann deshalb folgern, daß der Boden des Macellums zur Bauzeit und danach mit Sicherheit trocken lag, in den folgenden Jahrhunderten bis etwa 5,70 m unter den Meeresspiegel sank, um 1800 wieder trocken fiel und dadurch Vermessungen ermöglichte; heute liegt er wieder etwa 1,80 m unter Wasser. Die mittlere jährliche Küstensenkung betrug bis 1980 mehrere Zentimeter; von 1981 bis 1983 hat sich die Küste dagegen um fast 80 cm gehoben.

Pozzuoli gibt der Bautechnik beträchtliche Impulse durch die in seiner Umgebung anstehenden vulkanischen Aschen. Schon vor der Zeitenwende ist bekannt, daß sich dieses *pulvis puteolanis* zur Herstellung eines wasserbeständigen Mörtels eignet. Die heute internationale Bezeichnung Puzzolan-Erde hat hier ihren Ursprung (S. 209). Das Gebiet um Pozzuoli – die „phlegräischen Felder" – ist eine Landschaft mit teils erloschenen, teils noch tätigen Vulkanen. Die Solfatara am Ortsrand von Pozzuoli z.B. besteht aus einem ellipsenförmigen Krater von rund 770×580 Metern und stößt auch heute noch an einigen Stellen heiße Schwefel- und Wasserdämpfe aus. Der Boden klingt beim Darübergehen stellenweise hohl wie eine dünne Eisdecke. Die Schwefeldämpfe haben der Stadt auch ihren Namen gegeben (Puteoli = die Stinkende).

Nach der Zeitenwende verlagert sich die Rolle von Pozzuoli als wichtiger Hafen allmählich nach Ostia, dem „Tor von Rom". Diese Stadt an der Tibermündung wird etwa 340 v. Chr. von den Römern als Militärlager gegründet und spielt in den beiden ersten Jahrhunderten n. Chr. eine führende Rolle als Handelshafen von Rom. Die nun internationale Stadt mit etwa 15 000 Einwohnern innerhalb der Stadtmauer[1] lebt vor allem von Schiffbau und -ausrüstung, Getreidehandel sowie von Marmorhandel und -verarbeitung. Die Einwohner sind wohlhabende Bürger, Handwerker und Arbeiter. In der Stadt findet man zahlreiche Tempel, rund 70 Büros von Handelsgesellschaften und Reedereien (auf dem „Platz der Korporationen", Bild 187), 15 große und zahlreiche kleine Thermen, breite und regelmäßig angelegte Straßen, prachtvolle Villen sowie Wohnhäuser, von denen die meisten als mehrstöckige Mietshäuser errichtet werden und im Erdgeschoß Läden, Garküchen und Trinkstuben aufweisen. Die Wohnhäuser sind – im Gegensatz zu Pompeji – oft nach außen orientiert; für die Fenster verwendet man zunehmend Glasscheiben.

Ostia gibt auch einen guten Anschauungsunterricht für den (heute nur noch schwer feststellbaren) Wiederaufbau Roms nach dem Brand 64 n. Chr. Im Gegensatz zu den 79 n. Chr. verschütteten Städten Pompeji und Herkulaneum lassen sich hier nämlich auch die Bauphasen der mittleren und späteren Kaiserzeit nachweisen; der Grund: Ostia wurde später kaum – wie z. B. Rom – durch neue Siedlungen überbaut.

Durch den Entzug der Stadtrechte unter KONSTANTIN beginnt jedoch im 4. und 5. Jahrh. n. Chr. die Entvölkerung und Verödung, bis schließlich Barbareneinfälle und Malaria der einst blühenden Ansiedlung ein Ende setzen.

---

[1] Die in anderen Veröffentlichungen (z. B. [12] und [86]) genannten Zahlen liegen vermutlich zu hoch.

Bild 187: Im Zentrum von Ostia/Italien lagen etwa 70 Büros von Handelsgesellschaften und Reedereien des gesamten Mittelmeerraumes („Platz der Korporationen" in Bildmitte).

KÖLN

Im „Gallischen Krieg" dringen seit 57 v. Chr. römische Heere unter CAESAR auch in das alte Siedlungsland um das heutige Köln ein. Nach Vernichtung der ursprünglich hier ansässigen Eburonen weisen die Römer den rechtsrheinischen Ubiern auch linksrheinisches Land zu. Um 20 v. Chr. läßt M. V. AGRIPPA das Land vermessen und gründet das *oppidum Ubiorum* (Stadt der Ubier). Nach der Planung römischer Ingenieure entsteht in den Jahren 4 und 5 n. Chr. das „Ubier-Monument". Dieser rechteckige Turm, der älteste bisher nachweisbare Quaderbau nördlich der Alpen, dient als Festungs- und Signalturm für den Hafen. Die Stadt ist zeitweise Sitz des kaiserlichen Prinzen GERMANICUS. Ihm und seiner Frau AGRIPPINA d. Ä. wird 15 n. Chr. eine Tochter geboren: AGRIPPINA d. J. Ihrem Einfluß ist die Erhebung Kölns zur Kolonie (Colonia Claudia Ara Agrippinensium/CCAA) im Jahre 50 n. Chr. zu verdanken. Köln erhält in den folgenden zwei Jahrzehnten eine etwa 4 km lange massive Stadtmauer. In der Stadt werden zunehmend ausgediente Soldaten angesiedelt; dadurch weist sie auch Bevölkerungselemente aus dem gesamten Mittelmeerraum auf.

Köln wird zur Hauptstadt der Provinz Niedergermanien (Germania Inferior) und erlebt für zwei Jahrhunderte eine friedliche Zeit mit einem beträchtlichen wirtschaftlichen Aufschwung. Landwirtschaftliche Güter im Umland, Töpfereien, Metallgießereien, lederverarbeitende Handwerksbetriebe und die bekannten Glashütten sind Grundlage eines beachtlichen Wohlstandes. Ein Praetorium (Statthalterpalast) sowie die üblichen Tempel und öffentlichen Gebäude kommen hinzu. Die Stadt hat jetzt etwa 15 000 Einwohner innerhalb der Stadtmauer[1], besitzt einen Rheinhafen mit großen Lagerhallen und verfügt seit dem 1. Jahrh. n. Chr. über eine bemerkenswerte Frischwasserleitung. Ein unterirdisches Kanalnetz führt Regen und Abwasser ab.

Gegen Ende des dritten Jahrhunderts nimmt der Druck der Germanen – vor allem der Franken – stark zu. Daher baut KONSTANTIN um 310 n. Chr. eine massive Brücke über den Rhein und legt am rechten Ufer das Brückenkopf-Kastell Divitia (heute: Deutz) an. Ende des 4. Jahrh. n. Chr. wird das römische Köln von den Franken weitgehend zerstört, entwickelt sich aber im Mittelalter zu einer der bedeutendsten deutschen Städte. Seit der Frankenzeit führt die Stadt nur noch den Namen Colonia, der später zu Köln wird.

TRIER

Schon in vorrömischer Zeit ein religiöses und politisches Zentrum, wird Trier unter AUGUSTUS bereits als Stadt angesehen und erhält unter CLAUDIUS den Titel Colonia Claudia Augusta Treverorum. Als Versorgungszentrum

---

[1] D.h. etwa 150 Einwohner je Hektar; die in anderen Veröffentlichungen (z.B. [3], [9] und [44]) genannten Zahlen liegen vermutlich zu hoch.

für die Legionen nördlich der Alpen und als wirtschaftlicher Mittelpunkt gewinnt es zunehmend an Bedeutung, wird allerdings beim Franken- und Alemannensturm 275/76 n. Chr. weitgehend zerstört.

Im Jahre 293 wird CONSTANTIUS CHLORUS als Caesar (Kronprinz) für Westrom eingesetzt und nimmt seinen Sitz in Trier. Unter ihm, seinem Sohn KONSTANTIN und besonders unter den Kaisern VALENTINIAN und GRATIAN bricht das „goldene Zeitalter" für die Stadt an. Neben dem Kaiserhof wird hier die Zentrale für das staatliche Verwaltungsgebiet (Diözese) eingerichtet, das Großbritannien, je zwei belgische und germanische Provinzen, Gallien und Spanien umfaßt. In Trier – damals der größten Stadt nördlich der Alpen – leben etwa 25 000 Menschen innerhalb der Stadtmauer [76], darunter ein hoher Anteil an Staatsbeamten. Kunst und Wissenschaft blühen in gleicher Weise wie Handel und Wirtschaft. Der Dichter D. M. AUSONIUS schreibt um 370 n. Chr. sein berühmtes Gedicht Mosella über die Mosel. Trier hat eine eigene Münze sowie staatliche Zeugfabriken und zeichnet sich durch eine rege Bautätigkeit aus; Zeugen dieser Zeit sind die kaiserlichen Großbauten Basilika, Dom und Kaiserthermen.

DATEN ZUR RÖMISCHEN GESCHICHTE

Rom wurde nach Berechnungen des römischen Gelehrten und Schriftstellers M. T. Varro (lebte 116 bis 27 v. Chr.) 753 v. Chr. gegründet. Die Stadt am Tiber liegt auf sieben Hügeln, die sich aus sumpfigen Niederungen erheben. Der Hügel Kapitol ist nach archäologischen Befunden bereits im 14. Jahrh. v. Chr. besiedelt, der Palatin und der Quirinal noch früher.

Die Entstehung des römischen Reiches umfaßt einen Zeitraum von mehreren Jahrhunderten und beginnt damit, daß die Römer zunächst unter ihren latinischen Stammesgenossen eine Vorrangstellung erringen.

Im 8. Jahrh. v. Chr. siedeln griechische Auswanderer in Unteritalien und Sizilien („Groß-Griechenland"), später auch in Südfrankreich, Nordafrika, Ostspanien, im Schwarzmeergebiet und in Kleinasien. Ursache ist vor allem die zunehmende Übervölkerung, weniger dagegen politisches oder militärisches Machtstreben. Die Ansiedlung erfolgt zumeist auf friedlichem Wege und beginnt mit einer Betätigung in der Landwirtschaft; später kommt der Handel hinzu. Eindrucksvolle Zeugnisse griechischer Baukultur sind die auch heute noch vorhandenen Tempelruinen (z. B. in Paestum).

Seit dem 7. Jahrh. v. Chr. erlebt ein anderer Volksteil in Italien einen beispielhaften kulturellen und politischen Aufstieg: die Etrusker. Über ihren Ursprung gibt es heute zwei Auffassungen: nach der einen sind sie Ureinwohner, nach einer anderen wanderten sie in mehreren Wellen aus Kleinasien ein (Lydien?). Sie gründen zahlreiche Städte, oft mit rechtwinkligem Straßennetz und Abwasseranlagen sowie bemerkenswerten Steinbauwerken. Mit den Römern schließen sie Bündnisse; es gibt aber auch kriegerische Auseinandersetzungen und eine bedeutende Phase der Herrschaft über Rom.

Die in der römischen Geschichtsschreibung genannten sieben Könige zwischen dem 8. und 6. Jahrh. v. Chr. gelten – mit Ausnahme der drei letzten (etruskischen Tarquinier) – ebenso als legendär wie das Gründungsdatum der Stadt. Dem letzten König (Tarquinius Superbus) werden die Errichtung des Jupiter-Tempels auf dem Kapitol (erstes wichtiges Bauwerk der römischen Architekturgeschichte) und die erste Ausbaustufe der Cloaca Maxima zugeschrieben. Das Jahr 509 v. Chr. gilt als Ende der Königsherrschaft und als Beginn der Republik.

In der Folgezeit bemüht Rom sich intensiv um ein Nebeneinander der italischen, etruskischen und griechischen Einflüsse und dominiert schließlich durch politische und militärische Überlegenheit. Nach Siegen über die Punier und die Gallier ist Italien in der Mitte des ersten vorchristlichen Jahrhunderts ein einheitlicher Staat mit Rom als Hauptstadt. Hand in Hand mit dem politischen war auch ein kulturelles Zusammenwachsen gegangen. Latein wird Amts- und Schriftsprache, es gibt allgemein gültige Gesetze (Zwölf-Tafel-Gesetz) und eine spezifisch römische Baukunst.

An den Zeitraum der Republik schließt sich die Kaiserzeit an. Als Beginn wird der Regierungsantritt des späteren Kaisers AUGUSTUS im Jahre 31 v. Chr. angesehen. AUGUSTUS begründet während seiner 44 Regierungsjahre ein glanzvolles Weltreich, das sich auch durch hohes Ansehen von Kunst und Wissenschaft sowie einen bedeutenden wirtschaftlichen Aufschwung auszeichnet. Es beginnt eine rund zwei Jahrhunderte währende Friedens-Ära *(pax romana)*, die vielfach mit der Kaiserzeit gleichgesetzt wird. Die größte territoriale Ausdehnung erreicht das Imperium Romanum unter TRAJAN (98–117 n. Chr.) mit rund fünf Millionen Quadratkilometern; das entspricht fast dem heutigen Europa (ohne UdSSR).

In der Folgezeit gerät das Imperium allmählich zunehmend in soziale und andere Krisen, die sich auch in häufigem Kaiserwechsel und steigenden Schwierigkeiten bei der Abwehr militärischer Angriffe durch benachbarte Völker äußern. Im Jahre 383 n. Chr. wird das Imperium in West-Rom und Ost-Rom geteilt; 476 n. Chr. gilt als das Ende des weströmischen Reiches.

DIE LEGENDÄREN KÖNIGE

8.–6. Jahrhundert vor Chr.

Romulus	Tarquinius Priscus
Numa Pompilius	Servius Tullius
Tullus Hostilius	Tarquinius Superbus
Ancus Marcius	

DIE RÖMISCHEN KAISER

Augustus	27 v. Chr.–14 n. Chr.	Aemilianus	253
Tiberius	14–37	Valerianus	253–260
Caligula	37–41	Gallienus	253–268
Claudius	41–54	Claudius Gothicus	268–270
Nero	54–68	Quintillus	270
Galba	68–69	Aurelian	270–275
Otho	69	Claudius Tacitus	275–276
Vitellius	69	Florianus	276
Vespasian	69–79	Aurelius Probus	276–282
Titus	79–81	Carus	282–283
Domitian	81–96	Carinus	283–285
Nerva	96–98	Numerian	283–284
Trajan	98–117	Diokletian	284–305
Hadrian	117–138	Maximianus Herculius	286–306
Antoninus Pius	138–161	Galerius	305–311
Mark Aurel	161–180	Constantius Chlorus	305–306
Lucius Verus	161–169	Flavius Severus	305–307
Commodus	177–192	Maximinus Daia	307–308
Pertinax	193	Licinius	307–324
Didius Julianus	193	Maxentius	307–312
Septimius Severus	193–211	Konstantin I.	306–337
Caracalla	198–217	Konstantin II.	337–340
Geta	209–212	Constans	337–350
Macrinus	217–218	Constantius II.	337–361
Elagabal	218–222	Julian Apostata	360–363
Severus Alexander	222–235	Jovianus	363–364
Maximinus Thrax	235–238	Valentinian I.	364–375
Gordian I.	238	Valens	364–378
Gordian II.	238	Gratian	367–383
Balbinus	238	Valentinian II.	375–392
Pupienus	238	Theodosius I.	379–395
Gordian III.	238–244		
Philippus Arabs	244–249	Teilung des römischen Reiches	383
Philippus II.	247–249		
Decius	249–251	Untergang des weströmischen Reiches	476
Trebonianus Gallus	251–253		
Volusianus	251–253		

BAUEN DAMALS UND HEUTE

Die größte Leistung Roms bestand sicher darin, eine Vielzahl verschiedener Völker und Kulturen so zu vereinen, daß das römische Weltreich mehrere Jahrhunderte lang in Frieden und Wohlstand leben konnte. Hand in Hand mit diesem lang dauernden Prozeß entwickelte sich die Baukunst. Als Meilenstein gilt die „Erfindung" des *opus caementitium*. Nachdem der römische Beton zunächst nur für Nutzbauten Anwendung fand, regte er auch zu völlig neuen Konstruktionen an und wurde zum wichtigsten Baustoff der Kaiserzeit; läßt er sich doch den unterschiedlichsten Bedürfnissen wirtschaftlich anpassen.

Gewisse Ähnlichkeiten mit der Entwicklung des Betons unserer Tage – sie umfaßt gut ein Jahrhundert – sind unverkennbar. Zwar ist die Bauweise heute durch wissenschaftliche Erkenntnisse und amtliche Vorschriften abgesichert. Andererseits erließ noch im Jahre 1860 die Berliner Baubehörde die Verfügung: „Konstruktionen, deren Haltbarkeit allein auf der Festigkeit von Mörtel beruhen, sind nicht zugelassen." Man war offenbar skeptisch, ob sich Bauteile mit tragender Funktion zuverlässig auf der Baustelle herstellen lassen. Heute können wir uns das Bauen ohne Beton nicht mehr vorstellen – trotz gelegentlicher Schwächen bei Gestaltung und Bauausführung.

Der Weg zu fast allen technischen und zivilisatorischen Fortschritten ist mit Ideen, Engagement, Wagemut, Opfern, Irrtümern und Glück gepflastert. Den Durchbruch solcher Fortschritte bewirkt letzten Endes aber trotzdem die menschliche Bequemlichkeit. Unsere Widersprüchlichkeit zeigt sich auch in der Geschichte der Bauwerke. Viele von ihnen wurden wieder von Menschenhand zerstört oder geplündert, und einige sind uns vorwiegend durch Katastrophen oder andere in diesem Sinne glückliche Zufälle überliefert worden.

So verdanken wir die Erhaltung der Porta Nigra in Trier, jenes mächtigen noch intakten Stadttores des Imperiums, nur der Tatsache, daß man im Mittelalter hier eine Doppelkirche einbaute. Die Porta Nigra (= schwarzes Tor) hat ihren Namen übrigens erst später erhalten. Sie wurde aus sehr hellen Eifel-Sandsteinquadern hergestellt, und für die heute fast schwarze Farbe zeichnet die jahrhundertelange Verschmutzung verantwortlich – die wir in solchen Fällen mit Patina bezeichnen. Der „Römer-Turm" in Köln dagegen kann für seine Erhaltung lediglich mit einer profanen Begründung aufwarten: Die Franziskanerinnen des 1306 gegründeten Klosters St. Clara benutzten ihn als Müllgrube und Abortanlage.

Das römische Weltreich zerbrach etwa fünf Jahrhunderte nach der Zeitenwende. Mit ihm gingen viele Kenntnisse – besonders auf dem Gebiet der Baukunst – verloren, die teilweise erst heute wieder ans Tageslicht gelangen. Durch das ihrer Sprache entlehnte bautechnische Vokabular (S. 207) und ihre bewundernswerten Bauten wirken die Römer jedoch bis in die Jetztzeit hinein. So gibt es heute kaum ein Bauverfahren, das im Prinzip nicht schon den römischen Baumeistern bekannt war. Von besonderer Aktualität sind außerdem die drei Forderungen VITRUVS an das „ideale Bauwerk": Es muß sicher, zweckmäßig und schön sein.

Für Architekten und Ingenieure unserer Tage bleibt es faszinierend, mit welchen Problemen ihre Berufskollegen vor zwei Jahrtausenden befaßt waren, und ermutigend, daß und wie sie sie lösten.

ANHANG

BEGRIFFE AUS DER BAUTECHNIK

arena (auch *harena*)
Sand, Arena, Wüste

Aquädukt
Wasserleitung, die mit einer Brücke über ein Tal geführt wird

Basilika
Königshalle oder Palastaula, drei- oder mehrschiffig mit überhöhtem Mittelschiff; bei Griechen und Römern Halle für Gerichtsverhandlungen, Handelsverkehr usw.; wird Vorbild für den mittelalterlichen Kirchenbau

Beton
nach Bauvorschriften hergestelltes Gestein aus Zuschlägen, Wasser und Zement

caementarius (auch *structor*)
Maurer

caementum
ursprünglich: der behauene Stein (von *caedere* = behauen), aber auch: Bruchstein, Mauerstein, Zuschlagstoff; nach Begriffswandel: Vorläufer für unser Wort Zement

calx
Kalk

chorobates (im deutschen Sprachgebrauch: Chorobat)
Nivellierinstrument (für Höhenmessungen)

diopter
Winkelmeßinstrument

Druckfestigkeit
wird für Beton an Würfeln oder Zylindern ermittelt; Angaben in N/mm^2 (N = NEWTON); 1 N/mm^2 entspricht etwa 10 kp/cm^2

Eisenbeton
veraltete Bezeichnung von Stahlbeton

emplecton

(griechisch: das verflochtene Mauerwerk)
Mauer aus bearbeiteten Steinblöcken, besteht aus Mauerkern sowie äußerer und innerer Schale

faber

Handwerksmeister

fabri tignarii

Zimmerleute

fenestra

Fenster

forum

Versammlungs- und Marktplatz

fundamentum

Grundlage, Fundament

groma

Gerät zum Abstecken rechter Winkel

hydraulischer Kalk

Baukalk, der nach Anmachen mit Wasser und mehrtägiger Lagerung an der Luft auch unter Wasser erhärtet und wasserbeständig ist

hypocaustum

Fußbodenheizung (Hypokaust-Heizung)

imbrex (vgl. *tegula*)

halbrunder Dachziegel

later (vgl. *testa*)

Ziegel (ursprünglich: der an der Sonne getrocknete Ziegel; später auch: gebrannter Ziegel)

Luftkalk

Baukalk, der nicht unter Wasser, sondern an der Luft langsam erhärtet (z. B. Weißkalk, Dolomitkalk); nicht wasserbeständig

materia (auch *mortar*)

Mörtel; Mischung aus Bindemittel und Sand

Mörtel

nach Bauvorschriften hergestelltes Gestein aus Zuschlägen (Größtkorn 4 mm), Wasser und Bindemittel (vor allem Zement und Kalk)

mortarium

Mörtel-Mischgefäß; auch: Mörser

murus

Mauer

Nagelfluh
Konglomerat aus Steinen, Sand und kalkigen Bindemitteln („Naturbeton")

opus
Werk, Bauwerk, Bauteil, Bauverfahren

opus caementitium (eigentlich: *opus caementicium*; auch *concretum*)
Römischer Beton, auch: römische Betonbauweise

opus craticium
Holzfachwerk mit Mörtel

opus incertum
Römischer Beton mit einer Schale (Außenverkleidung) aus unregelmäßigem Steinmauerwerk

opus mixtum
Römischer Beton mit einer Schale (Außenverkleidung) aus einer Kombination verschiedener Mauertechniken (z. B. Ziegel und Tuffsteine)

opus reticulatum
Römischer Beton mit einer Schale (Außenverkleidung) aus regelmäßigen, quadratischen Steinen, die wie ein Netzwerk verlegt wurden; zur besseren Verankerung mit dem Mauerkern ragen sie pyramidenförmig in die Mauer hinein

opus testaceum
Römischer Beton mit einer Schale (Außenverkleidung) aus Mauerziegeln

palaestra
Sportplatz, oftmals neben einer Therme und mit einem Säulengang umgeben

Peristyl
Hausgarten oder Hof mit Säulenumgang

porta
Pforte, Tür

pulvis (auch *pulvis puteolanus*)
Pulver, Puzzolane

Puzzolane
vulkanische Aschen, die mit Kalk ein hydraulisches Bindemittel ergeben

Rohdichte
Verhältnis von Masse zu Volumen eines Stoffes einschließlich der nicht von außen zugänglichen Hohlräume

Sieblinie
> Grafische Darstellung der Kornzusammensetzung von Betonzuschlägen

Sinter
> Ausscheidung aus fließendem Wasser (z.B. Kalk in römischen Wasserleitungen); aber auch: festes Produkt aus Stoffen, die durch Erhitzen erweicht wurden (z. B. Zementklinker)

Stahlbeton
> Beton mit Stahleinlagen (Bewehrung) zur Aufnahme von Zugkräften (früher: Eisenbeton)

tectorium
> Putz (auch bemalter Putz)

tegula (vgl. *imbrex*)
> flacher Dachziegel

testa (vgl. *later*)
> Ziegelstein, Backstein (gebrannter Ziegel)

turris
> Turm

via strata
> Straße (ursprünglich: der bestreute oder gepflasterte Weg)

Zement
> Bindemittel für Beton und Mörtel, genormtes Industrieprodukt (Einzelheiten S. 20)

Ziegeldurchschuß
> *opus caementitium* mit Schale aus Natursteinen, in die in regelmäßigen Abständen Lagen von weit in den Mauerkern hinein- oder hindurchbindenden Ziegeln eingefügt sind

Zuschlag
> Ausgangsstoff für Beton; meistens Steine und Sand

NAMENS- UND SACHREGISTER

213

LITERATURVERZEICHNIS

[1] Baatz, D.   Saalburg (Taunus). Rekonstruiertes Limeskastell
in: Das römische Germanien aus der Luft, S. 99 f.
(Bergisch Gladbach 1981)

[2] Bailhache, M.   Studie über die Entwicklung der Abflußmenge der gallo-
romanischen Aquädukte
als Manuskript vervielfältigt in: Tagung über Römische Wasserversorgungsanlagen vom 26.–28. Mai 1977 in Lyon

[3] Bechert, T.   Römisches Germanien zwischen Rhein und Maas
(München 1982)

[4] Bélidor, B.   Architecture hydraulique
(Paris 1753)

[5] Biehl   Untersuchungen von Saalburgmörtel
in: Saalburg Jahrbuch VI, 1914–1924, S. 81 f.
(Frankfurt 1927)

[6] Bloch, H.   I bolli laterizi e la storia edilizia romana
(Rom 1947)

[7] Blümner, H.   Technologie und Terminologie der Gewerbe und Künste bei
Griechen und Römern
(Leipzig 1884)

[8] Borger, H.   Das Römisch-Germanische Museum Köln
(München 1977)

[9] Borger, H. und   Köln. Die Stadt als Kunstwerk
Zehnder, F. G.   (Köln 1982)

[10] Brödner, E.   Die römischen Thermen und das antike Badewesen
(Darmstadt 1983)

[11] Caesar, C. I.   De bello Gallico. Der Gallische Krieg (übersetzt von Georg
Dorminger)
(München 1957)

[12] Calza, G. und   Ostia
Becatti, G.   (Istituto Poligrafico dello Stato, Rom 1963)

[13] Coarelli, F.   Monumente großer Kulturen: Rom
(Luxemburg/Wiesbaden 1974)

[14] ders.   Rom. Ein archäologischer Führer
(Freiburg i. B. 1975)

[15] Choisy, A.   L'art de batir chez les Romains
(Paris 1873)

[16] Cüppers, H.   Eine römische Straßenbrücke über die Enns
in: Bonner Jahrbücher Bd. 165, 1965, S. 97 f.

[17] ders.   Die Trierer Römerbrücken
(Mainz 1969)

[18] ders.   Das römische Forum der Colonia Augusta Treverorum
in: Festschrift 100 Jahre Rheinisches Landesmuseum Trier, S. 211 f.
(Mainz 1979)

[19] ders.   Trier/Colonia Augusta Treverorum
in: Das römische Germanien aus der Luft, S. 153 f.
(Bergisch Gladbach 1981)

[20] Deichmann, F. W.   Westliche Bautechnik im römischen und rhomäischen Osten
in: Mitteilungen des Deutschen Archäologischen Instituts, Römische Abteilung, Bd. 86, S. 473f.
(Mainz 1979)

[21] Durm, J.   Die Baukunst der Etrusker und Römer.
Handbuch der Architektur II. Teil, 2. Band
(Stuttgart 1905)

[22] Eck, W.   Die Gestalt Frontins in ihrer politischen und sozialen Umwelt
in: Wasserversorgung im antiken Rom, S. 47f.
(München 1982)

[23] Ergil, T.   A Byzantine Cistern near Istanbul
in: Archaeology, Jan. 1974, S. 42f.

[24] Eschebach, H.   Die Gebrauchswasserversorgung des antiken Pompeji
in: Antike Welt, Heft 2/1979, S. 3f.

[25] ders.   Pompeji
(Leipzig 1978)

[26] Fahlbusch, H.   Über Abflußmessung und Standardisierung bei den Wasserversorgungsanlagen Roms
in: Wasserversorgung im antiken Rom, S. 129f.
(München 1982)

[27] ders.   Vergleich antiker griechischer und römischer Wasserversorgungsanlagen
in: Mitteilungen Heft 73/1982 des Leichtweiss-Instituts der TU Braunschweig

[28] Fehr, H.   Eine Rheinbrücke zwischen Koblenz und Ehrenbreitstein aus der Regierungszeit des Claudius
in: Bonner Jahrbücher Bd. 181, 1981, S. 287f.

[29] Frontinus, S. J.   De aquaeductu urbis Romae
Wasser für Rom (deutsch von M. Hainzmann)
(Zürich und München 1979)

[30] ders.   De aquaeductu urbis Romae
Die Wasserversorgung der antiken Stadt Rom (deutsch von Gerhard Kühne)
in: Wasserversorgung im antiken Rom, S. 79f.
(München 1982)

[31] Gallardo, A. R.   Supervivencia de una obra hidraulica, El acueducto de Segovia
(Valencia 1975)

[32] Gallas, K.   Sizilien: Insel zwischen Morgenland und Abendland
(Köln 1978)

[33] Garbrecht, G. und Holtorff, G.   Wasserwirtschaftliche Anlagen des antiken Pergamon. Die Madradag-Leitung
in: Mitteilungen Heft 37/1973 des Leichtweiss-Instituts der TU Braunschweig

[34] Garbrecht, G.   Wasserspeicher im Altertum
in: Wasserwirtschaft, Heft 7–8/1977

[35] ders.   Wasserversorgungstechnik in römischer Zeit
in: Wasserversorgung im antiken Rom, S. 9f.
(München 1982)

[36] Gerkan, A. v.   Von antiker Architektur und Topographie
(Stuttgart 1959)

[37] Gnoli, R.   Marmora Romana
(Rom 1971)

[38] Görlich, W.   Untersuchungen im Raume C und J des Repräsentationshauses
in: Carinthia I, 143. Jahrg. Heft 1–4, S. 872f.
(Klagenfurt 1953)

[39] Graefe, R. Vela Erunt. Die Zeltdächer der römischen Theater und ähnlicher Anlagen
(Mainz 1979)

[40] Grassnick, M. und Die Architektur der Antike
Hofrichter, H. (Braunschweig 1982)

[41] Grenier, A. Manuel d'Archéologie Gallo-Romaine Teil 1–4
(Paris 1931, 1934, 1958, 1960)

[42] Grewe, K. Eifelwasser auch nach Darmstadt?
in: Das Rheinische Landesmuseum Bonn. Berichte aus der Arbeit des Museums, Heft 5/1980

[43] Grün, R. 1850 Jahre alter Beton und seine Verwendung als Kunststein
in: Zement. Wochenschrift für Hoch- und Tiefbau, Heft 15/1935, S. 232 f.

[44] Haberey, W. Die römischen Wasserleitungen nach Köln. Die Technik der Wasserversorgung einer antiken Stadt
Kunst und Altertum am Rhein Nr. 37
(Bonn 1972)

[45] Haegermann, G., Vom Caementum zum Spannbeton
Huberti, G. und (Wiesbaden–Berlin 1964)
Möll, H.

[46] Hagen, J. Römerstraßen der Rheinprovinz
(Bonn 1931)

[47] von Hagen, V. W. Alle Straßen führen nach Rom
(Frankfurt 1968)

[48] Hellenkemper, H. Wohnviertel und öffentliche Bauzonen
in: Führer zu vor- und frühgeschichtlichen Denkmälern Bd. 37/1, Köln I, 1, S. 67 f.
(Mainz 1980)

[49] ders. Das Kanalnetz der CCAA
ebd. S. 77 f.

[50] ders. Der römische Rheinhafen und die ehemalige Rheininsel
in: Führer zu vor- und frühgeschichtlichen Denkmälern Bd. 38, Köln II, S. 126 f.
(Mainz 1980)

[51] ders. Köln/Colonia Claudia Ara Agrippinensium
in: Das römische Germanien aus der Luft, S. 207 f.
(Bergisch Gladbach 1981)

[52] Idorn, G. M. Die Geschichte der Betontechnik – durchs Mikroskop gesehen
in: Zement und Beton, Nr. 18/1960, S. 1 f.

[53] Izmirligil, Ü. Die römischen Wasserversorgungsanlagen von Side
in: Mitteilungen Heft 64/1979 des Leichtweiss-Instituts der TU Braunschweig

[54] Kienast, H. J. Die Wasserleitung des Eupalinos auf Samos
in: Wasser und Boden, Heft 8/1983, S. 361 f.

[55] Knoblauch, P. Die Hafenanlagen und die anschließenden Seemauern von Side
in: Türk Tarih Kurumu Basimevi
(Ankara 1977)

[56] Kraus, T. und Lebendiges Pompeji. Pompeji und Herculaneum
v. Matt, L. (Köln 1977)

[57] Kretzschmer, F. Bilddokumente römischer Technik
(Düsseldorf 1978)

[58] Künzl, E. Mainz/Mogontiacum
in: Das römische Germanien aus der Luft, S. 132 f.
(Bergisch Gladbach 1981)

[59] Lamprecht, H.-O.   Opus Caementitium. Wie die Römer bauten
(Düsseldorf 1968)

[60] ders.   Untersuchungen an römischen „Beton"-Proben
in: Das neue Bild der alten Welt.
Kölner Römer-Illustrierte 2/1975

[61] ders.   Wasserbautechnik in der römischen Kaiserzeit
in: Alma Mater Aquensis. Berichte aus dem Leben der RWTH
Aachen, Band 1979/80, S. 63 f.

[62] Landels, J. G.   Die Technik in der antiken Welt
(München 1979)

[63] Langer, H.   Der private und industrielle Wasserbedarf in der Bundesrepublik
Deutschland
in: Wasserwirtschaft 73, Heft 7/8 1983, S. 210 f.

[64] MacDonald, W. L.   The Architecture of the Roman Empire
(Yale University Press, New Haven 1965)

[65] Maiuri, A.   Capri
(Istituto Poligrafico dello Stato, Rom 1956)

[66] ders.   Die Altertümer der phlegräischen Felder
(Istituto Poligrafico dello Stato, Rom 1958)

[67] ders.   Herculaneum
(Istituto Poligrafico dello Stato, Rom 1963)

[68] ders.   Pompeji
(Istituto Poligrafico dello Stato, Rom 1963)

[69] Malinowski, R.   Betongolv och Väggbeklädnadsmaterial i Romersk – Etruskisk
Akvedukt i Acquarossa
in: Chalmers Tekniska Högskola, Göteborg 1976

[70] ders.   Einige Baustoffprobleme der antiken Aquädukte
in: Chalmers Tekniska Högskola, Göteborg 1977

[71] ders.   Betontechnische Lösungen bei antiken Wasserbauten
in: Mitteilungen Heft 64/1979 des Leichtweiss-Instituts der TU
Braunschweig

[72] Merckel, C.   Die Ingenieurtechnik im Altertum
(Berlin 1899)

[73] Nash, E.   Bildlexikon zur Topographie des antiken Roms, Bd. 1–2
(Tübingen 1961/62)

[74] Neu, S.   Die römische Hafenstraße
in: Führer zu vor- und frühgeschichtlichen Denkmälern, Bd. 38,
Köln II, S. 81 f.
(Mainz 1980)

[75] Neuburger, A.   Die Technik des Altertums
(Gütersloh 1977)

[76] Neyses, A.   Die Ruwer-Wasserleitung des römischen Trier
(Hrsg. Verkehrsverein Ruwertal e.V., Waldrach o.J.)

[77] Pellegrini, G. und   Concrete construction in ancient Rome
Radogna, E. F.   in: Consulting Engineer, Februar 1959

[78] Piccottini, G.   Die Stadt auf dem Magdalensberg.
Ein spätkeltisches und frührömisches Zentrum in Noricum
in: Aufstieg und Niedergang der römischen Welt II, Principat
Bd. 6, S. 263 f.
(Berlin/New York 1977)

[79] Praschniker, C.   Das Repräsentationshaus auf dem Magdalensberg
in: Carinthia I, 139. Jahrg. Heft 1–3, S. 148 f.
(Klagenfurt 1949)

217

[80] Precht, G.	Baugeschichtliche Untersuchungen zum römischen Praetorium in Köln Rheinische Ausgrabungen Bd. 14 (Köln 1973)
[81] ders.	Colonia Ulpia Trajana. 5. Arbeitsbericht zu den Grabungen und Rekonstruktionen (Rheinland Verlag, Köln 1981)
[82] ders.	Der Archäologische Park in Xanten in: Deutsche Architekten- und Ingenieur-Zeitschrift, Heft 1/1978, S. 26 f.
[83] ders.	Xanten/Colonia Ulpia Trajana in: Das römische Germanien aus der Luft, S. 264 f. (Bergisch Gladbach 1981)
[84] Quietmeyer, F.	Die Mörtel im Altertum in: Zur Geschichte der Erfindung des Portland-Zementes (Berlin 1912)
[85] Radt, W.	Pergamon. Archäologischer Führer (Türkiye Turing ve Otomobil Kurumu, Istanbul 1978)
[86] Rieche, A.	Das antike Italien aus der Luft (Bergisch Gladbach 1978)
[87] Ripoll Perello, E.	Ampurias, Beschreibung der Ruinen und des Museums (Instituto de Prehistoria y Arqueologia, Barcelona 1974)
[88] Robertson, D. S.	Greek and Roman Architecture (Cambridge University Press, Cambridge 1977)
[89] Romanelli, P.	Das Forum Romanum (Istituto Poligrafico dello Stato, Rom 1964)
[90] Schindler, R.	Das Straßennetz des römischen Trier in: Festschrift 100 Jahre Rheinisches Landesmuseum Trier, S. 121 f. (Mainz 1979)
[91] Schnitter, N.	Römische Talsperren in: Antike Welt, Heft 2/1978, S. 25 f.
[92] Schultze, R. und Steuernagel, C.	Colonia Agrippinensis. Ein Beitrag zur Ortskunde der Stadt Köln zur Römerzeit (Bonn 1895)
[93] Smith, N.	Mensch und Wasser (München 1978)
[94] Sölter, W.	Römische Kalkbrenner im Rheinland (Düsseldorf 1970)
[95] Spiegel, E. M.	Römische Straßen in der Umgebung der Stadt in: Führer zu vor- und frühgeschichtlichen Denkmälern Bd. 37/1, Köln I, S. 120 f. (Mainz 1980)
[96] Sprague de Camp, L.	Ingenieure der Antike (Düsseldorf und Wien 1964)
[97] Straub, H.	Die Geschichte der Bauingenieurkunst (Basel 1964)
[98] Süßenbach, U.	Die Stadtmauer des römischen Köln (Köln 1981)
[99] Testaguzza, O.	Portus. Illustrazione dei Porti di Claudio e Trajano (Rom 1970)
[100] Thode, R.	Untersuchungen zur Lastabtragung in spätantiken Kuppelbauten (Studien zur Bauforschung Nr. 9, hrsg. von der Koldewey-Gesellschaft 1975)
[101] Verein Deutscher Zementwerke (Hrsg.)	Zement-Taschenbuch 1979/80 (Wiesbaden und Berlin 1979)

[102] Vetters, H.   Die Centuria I
in: Forschungen in Lauriacum, Bd. 2, S. 5f.
(Linz 1954)

[103] Vitruvius   De architectura libri decem
Zehn Bücher über Architektur
(deutsch von C. Fensterbusch)
(Darmstadt 1976)

[104] ders.   De architectura libri decem
Zehen Bücher von der Architectur und künstlichem Bauen
(erstmals verdeutscht durch Gualther Hermenius Rivius)
(Nürnberg 1548)

[105] ders.   De architectura libri decem
Architecture ou Art de bien bastir
(mis de Latin en Francoys par Jan Martin)
(Paris 1547)

[106] Ward-Perkins, J. B.   Architektur der Römer
(Stuttgart 1975)

[107] ders.   Roman Imperial Architecture
(Penguin Books, Harmondsworth 1981)

[108] Weber, G.   Straßen. Gestern, heute und morgen
Katalog der Ausstellung im Kölnischen Stadtmuseum 22. Juni–
10. Oktober 1972

[109] Wedler, B. und
Hummel, A.   Trümmerverwertung
(Berlin 1947)

[110] Wesche, K.   Baustoffe für tragende Bauteile, Bd. 2: Beton
(Wiesbaden und Berlin 1981)

BILD-NACHWEIS

Zeichnungen

Vorderer Deckel:
nach Civitates orbis terrarum, of George Braun and Frans Hogenberg, vol. I (1573)
nach Durm [21]   1, 91, 158; Randzeichnungen S. 154, 176
nach Rivius [104]   3, 4, 5; Randzeichnung S. 113
nach Martin [105]   Randzeichnung S. 34

gezeichnet von Gerhard Prasser, teils nach
Calca/Becatti [12]   166
Coarelli [14] und Durm [21]   174
Durm [21]   67, 68, 159
Haberey [44]   35, 46, 48
Hagen [46]   108, 109, 110, 111, 112, 113, 115, 117, 119, 122, 123
Knoblauch [55]   100, 101
Martin [105]   Randzeichnungen S. 14
Radt [85]   7
Schindler [90]   118, 120, 121
Schultze-Steuernagel [92]   114, 116
Ward-Perkins [106] und Parotto/Carpano   152
Ward-Perkins [106]   Randzeichnung S. 172

Fotos

Beton-Verlag   9, 33
Forschungsarchiv für römische Plastik Universität zu Köln   175, 176, 184
Forschungsinstitut der Zementindustrie   31
Institut für Bauforschung der RWTH Aachen   32
Petella   69, 70, 71, 96
Planck   43, 151, 163
Prasser   52
Precht   179
Rheinisches Landesmuseum Bonn   21, 22, 23, 49
Rheinisches Landesmuseum Trier   12, 73, 92, 93, 137, 156, 172
Römisch-Germanisches Museum Köln   72, 90, 124, 144, 171, 173
Schnitter   65, 66
alle anderen Bilder: Lamprecht

Pevensy Dover
Xanten
Köln
Mainz
Trier
Metz
Lorch

Lyon
Sirmione Verona
Nîmes
Arles
Ampurias
Civitavecchia
Tarquinia Rom
Ostia Tivoli
Capua Brin
Paestum

Toledo
Merida
Italica
Ronda

Karthago
Timgad
El Djem

Herkulia
Minoa Taormina
Agrigent Syrakus

Djerba
Leptis Magna

Cumae Neapel Vesuv
Pozzuoli
Baiae Herkulaneum
Kap von Pompeji
Misenum

Capri

IMPERIUM ROMANU
UNTER TRAJAN (98-117 N.CH